工匠精神

晴れの日に、傘を売る。

创造传奇

[日] Shu's Selection 社长林秀信◎著
周若珍◎译

SPM
南方出版传媒
广东经济出版社
·广州·

图书在版编目（CIP）数据

工匠精神创造传奇／（日）林秀信著；周若珍译. —广州：广东经济出版社，2017.9
ISBN 978－7－5454－5770－4

Ⅰ. ①工… Ⅱ. ①林… ②周… Ⅲ. ①伞－手工业－工业企业管理－经验－日本 Ⅳ. ①F431.368

中国版本图书馆CIP数据核字（2017）第206682号

Original Name：晴れの日に、傘を売る。By HIDENOBU HAYASHI
ISBN：978－4484142081

版权合同登记号：19－2017－050

出 版 人：姚丹林
责任编辑：陈念庄 周伊凌
GONGJIANG JINGSHEN CHUANGZAO CHUANQI

出版发行	广东经济出版社（广州市环市东路水荫路11号11～12楼）
经销	全国新华书店
印刷	东莞市翔盈印务有限公司 （东莞市东城区莞龙路柏洲边路段）
开本	889毫米×1194毫米 1/32
印张	5.5 4插页
字数	792 00字
版次	2017年9月第1版
印次	2017年9月第1次
印数	1～5000
书号	ISBN 978－7－5454－5770－4
定价	48.00元

如发现印装质量问题，影响阅读，请与承印厂联系调换。
发行部地址：广州市环市东路水荫路11号11楼
电话：（020）38306055 37601950 邮政编码：510075
邮购地址：广州市环市东路水荫路11号11楼
电话：（020）37601980 营销网址：**http://www.gebook.com**
广东经济出版社新浪官方微博：**http://e.weibo.com/gebook**
广东经济出版社常年法律顾问：何剑桥律师

Shu's Selection 社长林秀信
在 Waterfront 雨伞专卖店

Water front®

富山 Thunder 伞

银行员遮阳伞

樱岛 Fire 伞

体贴背包伞

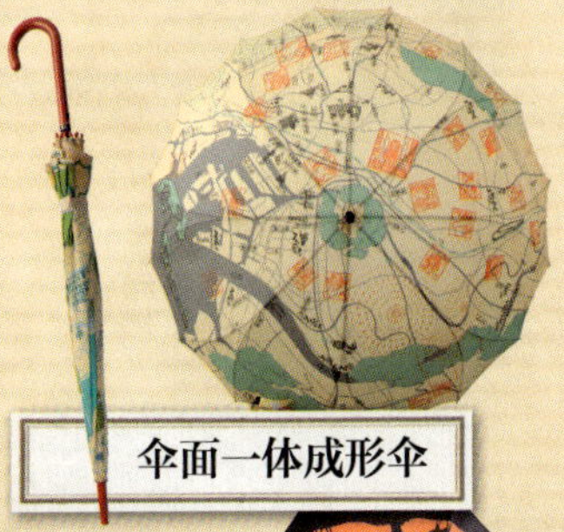

伞面一体成形伞

日本刀 Crest 伞

手枪 Crest 伞

SHU'S
JIYUGAOKA TOKYO

2014 年春天在东京自由之丘开幕的展示中心及零售店“Cool Magic Shu’s”

前　言

自由之丘的故事

东京的自由之丘，是一处以甜点闻名的地区——在1979年7月，一种名为Sand - Cake的甜点在此诞生。所谓Sand - Cake，是一种结合三明治（Sandwich）与蛋糕（Cake）的新式甜点。

将十余种食材混合，烤成两片金黄色的蛋糕，再在中间夹上各式各样的食材。除了冰淇淋、栗子泥、香蕉、葡萄干之外，还有鲔鱼、盐腌牛肉、马铃薯沙拉、培根、德国香肠等咸食类。

Sand - Cake要用刀叉切来吃，蛋糕口感浓郁、入口即化，带给人无上的幸福感受……Sand - Cake就这么俘虏了众人的心。

不久，许多年轻人开始聚集于此，报章杂志争相报道。每到假日有许多来自邻近地区的客人，遇到长假或旅游旺季，这里更挤满来自全国各地的民众。来东京校外教学的高中生，也在店门口拍照留念。

这家店的名字叫作“花钟”，不到一百平方米的店面，有着粉红色的屋顶、白色的墙壁，四处点缀着绿色，中央有一个白色的时钟，双翼往左右伸出。这个童话般的世界，为人们提供一个远离日常生活的空间，让人们享受短暂的恬适时光。

然而，这家如此受人欢迎的店，在店主“为了得到真正想要的东西，就必须放下目前手中的东西”的想法下，在一夕之间歇业了。

这家店的店主，就是三十年前的我。把店关起来后，我想得到（想做）的，就是制伞事业。

当时的客人，直到现在仍用近乎悲鸣的语调对我说：“我想再吃一次 Sand - Cake”“当时要是更常去吃就好了”。只要吃过一次，绝对不会忘记的美味，就是 Sand - Cake。

这或许就像“宝冢歌剧团”的当红巨星，突然有一天宣布引退一样吧！神秘的配方至今仍被妥善隐藏，再也不会出现在世上，那有如梦幻一般的美味，俨然成为传奇。

这家“花钟”或许是2014年春天，同样在自由之丘诞生的“Cool Magic Shu’s”的根源也说不定。Cool Magic的意思是“帅气、神奇”，换句话说，就是“帅气、神奇的甜点”化作“帅气、神奇的雨伞”，重获新生。

从自由之丘开始，经过代官山，再回到自由之丘，这段像梦一样的小小旅程，就是我和我的伞共同走过的路。如今，新的传说即将揭晓。如同带给人们梦想与感动的传说中的纯种赛马“美国三冠王”——Secretariat一般，一段充满浪漫和戏剧化插曲的雨伞故事，即将展开。

目　　录

第一篇

在晴天也畅销的雨伞

第1章

市占率17%的秘密

“顾客支持率”比“市占率”更重要

各位读者的家里大概有几把伞呢？我想大部分的人在买伞的时候，可能都不太会注意制造商。不过我想请你看一下你手里的伞，上面有没有印着“Waterfront”字样呢？

没错，那就是我毅然关掉大受欢迎的甜点店，倾尽全力制作的伞——Waterfront。

为伞着迷的我，一开始不知该怎么做，只是一心沉迷于制伞。承蒙各位的爱护与照顾，现在我们公司制造的伞，在日本全国洋伞市场中，市占率已经达到17%。

报章杂志上虽然都使用“市占率”这个名词，但对我来说，这应该是顾客的“支持率”。消费者认为 Waterfront 质量很好而选购的行为，正代表着他们对 Waterfront 的支持。

此外，我认为，与其说“市占率增加”，倒不如说“支持率上升”，听起来更顺耳。我总觉得“市占率”这个词太强调销售量，听起来太势利了，没有浪漫的感觉。若是将这个数字解读为“得到许多顾客的支持”，听起来就舒服多了。

以 500 日元低价销售逾 2000 日元的商品

话说回来，就算听到“拥有 17% 的支持率”，一般民众或许也很难掌握具体概念。

你知道，在日本雨伞的年销售量有多少吗？2013 年的雨伞销售量，大约是 1.11 亿把。也就是说，每年都有相当于日本总人口数的雨伞被卖出。而我制作的伞占了当中的

17%，也就是大约1870万把。

据说，这个数字是全日本第一，但是换个角度来看，也就是每一百个人当中，还有八十三个人仍不知道“Waterfront”这个雨伞品牌。所以，这听起来或许有些贪心，但我的心愿是“获得更多的支持”。

接下来，我还有个更大的野心，那就是“总有一天，要将人类从雨伞中解放”。我明明从事制伞业，却想“将人类从雨伞中解放”，这话说起来似乎有点矛盾。

一大早出门之前，相信几乎每个人都会看一下天气预报，确认“今天会不会下雨”“需不需要带伞”。我的目标就是，做出让人们不需要进行这种确认的雨伞。

只要有一把小巧到能放进口袋、可以随身携带的雨伞，我们就不必那么在乎到底会不会下雨了。就算突然下起雨，只要从口袋里拿出雨伞，就不会被淋湿；当雨停了，要收伞的时候，若不用手折伞，就能自动恢复原状，不是很棒吗？这种“大小如钢笔”的“免折叠的折叠伞”就是我的目标。

价格贵、质量佳的商品，在这世上比比皆是。但是

Waterfront一直以来致力追求的是，如何在维持质量的前提下，尽量将价格压到最低。换句话说，就是将价值2000日元以上的东西，以500日元的低价出售。例如在山里，本来100日元的水，即使卖到200或300日元，也卖得出去。然而，我却想在山里也用低于100日元的价格卖水。这就是我所追求的。

Waterfront与Shu's Selection

一心想要“将人类从雨伞中解放”的我，将Waterfront带到这个世界，其实这只是一个品牌名称，我的公司另有其名，叫作“Shu's Selection株式会社”。

也许是因为Waterfront的商标和名称很好记吧，许多人以为这就是我的公司名称，但其实不是。不过这也说明，Waterfront这个名字已经广为人知，我觉得很开心。

Waterfront这个名称的概念是：“雨伞是下雨天撑的，因此永远在‘水的旁边’”。以前，公司虽然还有其他的品牌，但推出“超值500”系列的雨伞之后，我就慢慢将所有的雨伞品牌统一为Waterfront。

至于我的公司名称，当然不是“鞋子”（“Shu’s”的日文发音同英文“shoes”），而是取自我的名字（秀信），也就是“秀’s（Shu’s）”（日文的“秀”发音为“shu”）。事实上，我才刚用这个名字推出一个有别于Waterfront的全新品牌。

我们的目标是：做出让顾客感动的伞

Shu’s Selection的经营理念，包括以下四点。

一、惊喜的价格

如果有一样高质量的商品，售价比自己想象的还要低，那么它的魅力除了单纯的“满足”之外，更能成为“惊喜”。

“超值500”系列，就是在质量、设计都与数千日元的商品具有相同水平，却以500日元出售的人气系列商品。

这种让顾客打从心底觉得“买到好东西”，并感到快乐、感动的商品，正是我所追寻的目标。

二、高质量、迅速的制造过程

Shu's Selection的雨伞，价位在500~1000日元之间，但为了提供真正让顾客满意的商品，我们在策划商品时，最重要的前提就是确保质量。

我们使用铝或玻璃纤维制作伞骨，用原木、藤、竹、合成皮革制作伞柄。在这个前提下，为了提供更低廉的价格，我们将所有心力投入在买进原料及建构生产线之上。我会亲自前往位于亚洲各地、负责生产零件和组装的工厂，彻底做好质量管理。

我深信，只要商品拥有各种价值，自然而然就能成为名副其实的名牌。

三、500个创意的潜力

好东西自然畅销。因为数量多，所以强大。我的伞之所以能够持续畅销，秘密就在于有超过500种的丰富商品。

无论是设计或颜色都多姿多彩，我们让“随着时间、地点、场合或装扮来搭配不同雨伞”成为可能，我们让顾客一人购买多把伞，可以享受不同功能和时尚穿搭。

四、永无止境的先锋精神

身为制伞业者的我，除了将长年累积的技术投注于制造商品外，对于策划研发新品，也不曾懈怠。我时时检视设计、功能、时尚这三个要素，每年都推出超过100种新点子。

除了设计之外，我们也花许多心思不断挑战新功能与新构造。Shu’s Selection追求的目标不是只注重名声的品牌，而是永远符合顾客期待，持续提供新的感动、名副其实的名牌。

上述几点都收录在我们公司的官网上，但这些其实都不是我规定的，而是员工以我平常所说的话为基础，思考过后整理出来的。

在公司，我只负责思考雨伞的新点子、新功能，其他事情全都交给员工处理。我的员工总是自发地做好所有事，这令我非常感激。

Shu’s Selection 就是一家这样的公司。

第2章

用500日元卖好伞

革命性的伞“超值500”

“用更低的价格提供质量更好的商品”我们以这个信念为基础进行研发，并经过不断改良，最后诞生的就是“超值500（Super VLE 500）”系列。这个拥有数十种缤纷色彩的500日元折叠伞，成为Waterfront的最大支柱。

本系列包括厚度2.5厘米的“扁平口袋伞”、直径3.5厘米的超细“笔细伞”以及五段折叠、大小如智能型手机的“超级迷你口袋伞”等产品，各位或许曾在车站里的商店、药妆店或书店里看过。

没有印象的读者们，下次也请特地留意，在路上的某家店里，应该可以看见色彩缤纷的500日元折叠伞，那就是Waterfront的招牌系列商品。现在，500日元的自动伞越来越多，但Waterfront的代表商品还是500日元折叠伞。

“超值500”系列是在距今超过十年的2000年问世，托各位的福，其中有一样商品创造了月销售量超过30万把的佳绩（扁平口袋伞）。我的梦想是，尽可能让顾客用没有负担的价格买到好伞，在我投入制伞业十四年后的今天，这个梦想终于实现了。

为什么是500日元呢？因为当时的出租车起跳金额约600日元，所以我想要让我的伞比这个价格更便宜一点。也就是说，价格在一开始其实就先决定了。

话虽如此，我也不想做出像某些塑料伞那样，只用一两次就坏掉、一下子就被丢弃。即使雨伞价格只有500日元，但不容易坏，可以用很久，那么就算人们是在突然下起骤雨时而临时购买，也不会轻易就把伞丢掉，因此我非常注重质量。

据说，使用塑料，而不是布料制成的塑料伞，是在

1958年问世的。据说，现在常见的透明塑料伞，在东京奥运会时远渡重洋，在纽约也大受欢迎。

现在“100日元商店”贩卖的塑料伞，是在泡沫经济崩解后流行起来的，因此历史还很短。

Waterfront虽然便宜，却能使用很久。“500日元”的低廉价格固然很重要，但制作一把好伞，更是与压低价格具有同等重要的使命。

创造新的价值便能感动顾客

说我“破坏行情”的人，或许是针对制伞业界才这么说的。但对我而言，更重要的其实是贩卖雨伞的零售店以及使用这些雨伞的顾客。

“超值500”刚开始推出时，曾被抨击是“破坏行情”。以往的折叠伞，价格大多约3000日元，因此500日元这个价格，确实对市场造成冲击。然而，我并不认为这是“破坏”，而是“创造新的价值”。

画家或小说家不也一样吗？他们从来不在乎别人怎么想，只是因为自己想画、想写，于是就动笔。同样的，我也只是因为想做伞，所以就开始制造了；只是因为想提供便宜的商品，所以就这么做了。

“只用 500 日元，就可以买到这么优质的商品喔！”——我想让更多的人看见这件事。只花 500 日元，就能买到不论使用几次都不会坏、质量极佳的折叠伞，不是很好吗？

如今，我们虽然面临许多严峻考验，但我始终坚持，不能让伞的质量降低。

例如，我们采用的金属镀膜与定价 10000 日元的伞相同，因此不容易剥落、生锈。只要继续制造这样的伞，相信顾客就能明白“即使便宜，好东西就是好东西”“便宜也有好货”这种道理。

我最高兴的就是，听见顾客说，买了 500 日元的 Waterfront，用了五六年都还在使用。

手工“二十四骨伞”销售至全国的契机

如今，托各位的福，Shu’s Selection 的伞在日本全国各地都有出售。不过，当初能够将业务拓展至全国，其实要归功于约 25 年前，报纸和电视报道了我们位于代官山的展示中心。

我制作的是“洋伞”，其构造与日本传统的“和伞”不同。在此我不谈太过专业的内容，和伞的最大特征就是，伞骨的数量比洋伞多很多。

一般的洋伞，大多以八支伞骨为主流，因此，我开始想要制作伞骨较多的洋伞，我想做出从来没人做过的二十四支伞骨的洋伞。

为了将二十四支伞骨集中起来，我们需要有二十四个凹槽的接合零件（业界称为“蜂巢”）。这是日本国内的第一次尝试，因此我必须自己从这里开始制作。我用手工试着做出原型，直到我认为“好，这样行得通”，便决定开模量产。

和伞与洋伞之间的差异当然存在，但我终于可以用低廉的价格，提供高质量的二十四骨伞给顾客了。

我将完成的二十四骨伞放在代官山的展示中心，电视和报章杂志因为它的稀有而报道，这让 Waterfront 的名字传遍日本全国。在那之后，许多地方的零售店都主动联络我们，表示希望能进货。

对现在的雨伞来说，伞骨轻巧、不易折断已是理所当然，不过，第一个采用树脂伞骨这种材料，成为其他制伞企业的先驱，并使其普及的，正是 Shu's Selection。

这些都是我以“做出只有 Shu's Selection 做得到的雨伞”为目标，而制造出来的伞。

便宜、小巧、又讨喜，因此成为送礼首选

位于东京浅草二天门的“Water Color”零售店，曾经创下贩卖 Waterfront 达 850 万日元的月营业额纪录。我们的

伞只有 500 日元和 1000 日元两种价格，也就等于他们卖出约 1.4 万把雨伞，单单一个月就有这样的营业额，是不是很惊人呢？

浅草有许多外国观光客，据说这些顾客经常以箱为单位购买雨伞当作纪念品，“买一整箱伞”这种事，各位一定没听过。

Shu’s Selection 的雨伞是十分受外国观光客欢迎的纪念品。例如，五段折叠的折叠伞——超级迷你口袋伞，比其他的伞娇小轻巧许多，因此方便观光客带回家。

超级迷你口袋伞约在十年前问世，当时在日本国内成为热点，单凭放进包包完全不占空间这点，也是超级迷你口袋伞最适合当作礼物的原因之一。

此外，欧洲的雨伞价格很高，因此雨伞对他们来说并没有“抛弃式”的感觉。因为人人都很珍惜地使用，所以欧洲的雨伞样式并不多。相对的，日本的雨伞文化相当丰富，有折叠伞，也有图样细致的花伞，而且价格便宜，功能又优于欧洲的伞，因此外国朋友们似乎都觉得十分新奇。

只不过，我们的客源本来只设定在日本国内，因此对外国朋友来说，使用说明可能不够充分与完备。为了避免意外发生，我决定在我们公司生产的伞加上“日本国内限定贩卖”的标签。

没想到，这成为“只有在日本才买得到”的宣传。于是，不只外国观光客，连即将出国的日本人，都很喜欢购买本公司的雨伞，让我们的伞在国外受到极大的支持。

如今，单在东京的成田机场，就有三十多家店铺设有Waterfront 专柜。

之后，我们也推出了专门用于送礼的伞款，而且是比较有趣的伞，其中又以手枪形状的“手枪 Crest”和日本刀形状的“日本刀 Crest”最为抢手（请见本书彩色插页第 4 页）。虽然平时带出门，可能需要一点勇气，不过用于送礼，这些经过特殊设计的款式，确实比较受欢迎。

这些款式在商品当中或许只是好玩的东西，但对我来说，思考这些点子真是快乐极了。

打造色彩缤纷的卖场，带来“挑伞的快乐”

Shu’s Selection的伞，除了500日元、1000日元这样的价格特征之外，丰富的色彩也是一大特征。看见摆在店面内五彩缤纷的伞，即使不是雨天，即使本来没有买伞的打算，也会忍不住买下来——每次听顾客这么说，我都非常开心。

为了让更多顾客能“忍不住买下来”，我们对零售店采取与其他制伞业者不同的出货方式：Assort式（多种类组合）出货。

这是我们在刚推出“超值500”时，讨论销售策略的过程中认为最有效果的做法。当时的雨伞以3000日元这样的价格为主流，为了用500日元与之对抗，我们认为，多种类组合的出货方式最恰当。

例如一款共有十二种颜色的雨伞，一组是三十六把，但不是单纯的每种颜色三把。比较受欢迎的颜色，我们会多放一点，而摆在卖场具有“点缀”效果的颜色，我们也会放进去，也就是考虑颜色均衡进行搭配。

一般的雨伞大多为黑色或深蓝色，或是塑料伞，因此卖场很容易变得单调。然而以粉彩色调为基础的 Waterfront 卖场，却充满了缤纷的色彩，因此更容易吸引顾客的目光。此外，我们也为顾客提供“挑选的快乐”。

因此，我们每一款商品都准备了数十种颜色和花样。以“扁平口袋伞”为例，总共有 192 种颜色和花样（截至 2014 年 2 月）。因此，有许多客人会问：“请问你们有几种颜色？”

现在，日本的 7－11 便利店也在贩卖本公司的伞，而这家公司的经营方针是单品管理，也就是只陈列卖得最好的一种颜色。然而在我们推出“超值 500”的时候，负责人非常体谅地表示：“你们的商品就像一盒香烟，我们不能把香烟拆开来一根一根卖。”据说，平常根本不可能这样进货，但他们却愿意以一组为单位进货。

此外，我们过去曾在某家百货公司以“一款商品一百种颜色”的方式贩卖，打造出令人非常愉快的卖场。

最适合雨伞的组合式销售

一组有三十六把雨伞，而颜色的组合，一开始就由本公司来决定。当然，我们也会聆听零售店的意见，不过，原则上还是以我们搭配的组合出货。因为以结果来看，这样才能确保雨伞的“鲜度”。

换句话说，如果由零售店来决定颜色，那么大家一定会趋向选择卖得比较好的颜色的雨伞。

比方说，位于市中心车站前的店家，因为上班族比较多，因此黑色、深蓝色等稳重的颜色的雨伞卖得比较好。话虽如此，假如卖场摆放的全是暗色的雨伞，就无法刺激消费者的购买欲望。这样一来，就会变成只有在突然下雨的时候，伞才卖得出去。

我想出的多种类组合式销售，其特点就在于缤纷的色彩。五颜六色的伞陈列在店里，光是用看的，心情就会变好。这么一来，原本不好卖的颜色的雨伞也会变得畅销，整体的销售量也就提升了。

我们准备了许多不同的组合，包括亮色系的组合及偏暗色系的组合等，而零售店进货时必须进一整组。以最经典的“扁平口袋伞”为例，每一组都包含了六至十五种颜色。相信各位可以想象得到，一旦将这些伞摆出来，卖场马上就会变得色彩缤纷。

零售店虽然可以选择进哪一组，但我们总是拜托零售店：“请不要一直购买同一组。”因为一旦卖剩的颜色出现重复，卖场的色彩就会变得单调。以结果来说，透过这种多种类组合式的销售方式，卖场本身也被“配色”了。

一般来说，便利商店总是完全执行单品管理，架上只摆最畅销的商品。我们公司一开始也被要求以单品形式出货，也就是对方只订购畅销的颜色，但就在我们推出十二种颜色后，零售店也在我们公司的主导下变换颜色。

那么，我们是如何决定各组的颜色呢？我们有经销商会定期前往各地的卖场调查商品状况，我们会根据他们回报的信息调整颜色的分配。每一季，也就是三四个月调整一次，而这是最困难的部分。

现在的消费者，无论是男性或女性，对于颜色都相当敏感。不同于过去只有黑色或深蓝色，现在说到“深蓝色”有茄子蓝、琉璃蓝、铁灰蓝、靛蓝等，它们都存在微妙的差异。而这些微妙的差异，会大大影响销路。

谈到这里，我或许会给各位留下一种很缜密的印象。但我的座右铭其实是“大致、随性”。我只在制伞的时候很仔细，在其他方面，我比较随性。

多种类组合的内容，与其根据庞大的数据库来决定，倒不如用随性的感觉来决定，这样才能让卖场的色彩也变得丰富；以结果来看，也才能接近“色彩缤纷”这个最终目标。况且，所谓的数据，只不过是“过去的东西”罢了。

话虽如此，让零售店接受“由制造商掌握主导权”这种观点其实很困难。不过，我们始终站在顾客的立场思考，提出“让客人享受‘挑选的乐趣’，卖场才会更有魅力”的观点，积极推展业务。

不要只摆出畅销商品，而是以“大致、随性”的方式挑选颜色。这个做法也许有些不合常理，但是，这么做确实能让商品卖得更好，因此，我们获得了大部分零售店的认同。

卖出更多的伞，对零售店和本公司来说，是一种双赢的结果。即使是“大致、随性”，只要我们怀着自信，告诉零售店“只要这样做就能卖得更好”，对方也必定能理解。

不过我必须补充，这种“大致、随性”态度的背后，其实隐藏着专业人员不断追求完美色彩的坚持。

制作顾客想要的商品

二十四骨伞刚问世时，曾经有一段插曲，让我印象非常深刻。这个插曲的主角是当时正值全盛时期的 Daiei 超市的某位采购人员。

这位采购人员隶属于千叶的津田沼店，有天他亲自来到我们代官山的展示中心，表示他在电视上看到我们的伞，想要跟我们购买，同时付了现金，之后带了大量的伞回去。

当时 Daiei 超市的气势可谓如日中天，因此我总觉得，想得到他们的惠顾，厂商就必须什么都听他们的。

但事实却不然。那位采购人员说："我想在我的卖场贩卖电视上报道的那把伞，因为消费者绝对会想要当前最具话题性的商品。"于是他充满干劲地亲自前来采购。之后，我就再也没有遇过这样的采购人员了。

其实这才是采购人员本来就该抱持的态度，如果采购人员只重视毛利率等条件，无论是对顾客还是制造商来说，都不是好事。时至今日，我仍然记得自己当时的想法："原来也有超市的人员会拼命找'顾客想要的商品'，而不是'自己想卖的商品'!"

据说，最近有国外的购物网站，用 2000 日元的价格贩卖 500 日元、1000 日元的 Waterfront。在日本国内，也有将"超值 500"卖到 2800 日元的店家（位于某高级度假胜地）。

或许还有很多店家这么做，只是我们没有掌握确切的资料而已。不过，法律似乎不允许制造商去阻止他们。

我的心愿是，看见顾客因为“质量这么好的伞竟然这么便宜”而感动，因此，无论如何都希望，零售店能以原价出售。

第3章

与零售店携手合作

“这里有卖那种伞”——透过创意提升零售店业绩

我们公司的老客户中，有一家位于兵库县尼崎市某商店街外很棒的书店，名叫“小林书店”。

我们公司的业务人员将这家书店告诉我之后，我亲自去了一趟，但是没找到。这家书店就是位于如此偏僻的地方，据说从绵延二百米的商店街遮雨棚的尽头，再继续往前走约一百米，才能抵达这家书店。也就是说，这家书店的地理位置根本就不适合做生意，更别说卖伞了。

当初对方表示想进货的时候，我们实地走访过该店的业务人员曾老实地说："就算 Waterfront 是晴天也畅销的伞，在这种地方，也很难有业绩。"

但是，对方强烈表示："我们一定要卖！"于是我们便开始做生意了。这位客户是在我们刚推出"超值500"时认识的，至今已经将近十年了。

尤其是这位店长的夫人很积极，又充满活力，真的非常用心地卖我们公司的伞。这家店明明是书店，也就是"书的专卖店"，但他们却卖出很多 Waterfront。

如今在网络上买书的人越来越多，因此书店的经营也变得越来越困难，假如不做些什么努力，便无法维持生计。小林书店的做法，则是缩小书籍的卖场空间，设置雨伞专卖区。

而且店长夫人真的很认真地研究我们公司的伞，又十分擅长用简单明了的方式对顾客说明。也就是说，她先将报章杂志上对我们公司的报道全部吸收，再用自己的话来解说。于是"这么棒的伞竟然只要 500 日元"的消息，就这么相传开了。

她着实是一位充满创意的女性。她在店门口竖立一面旗帜，上面写着“这里有卖那种伞”。看见这面旗帜，据说就连骑脚踏车经过的人都停下来，走进店里询问：“‘那种伞’是什么?”

如今，他们已经跳脱了书店，来到购物中心和跳蚤市场贩卖。他们告诉我，在每年的跳蚤市场上，竟然还有老顾客在等他们摆摊，并说：“我都不在其他地方买伞，专程等你们来呢!”他们完全抓住了顾客的心。

据说，他们曾在某购物中心的跳蚤市场上，缔造了单日 28 万日元的营业额。当时负责看店的是店长夫人，据说她忙到连厕所都没时间去，还得趁顾客没注意的时候，转过身去偷偷吃饭团。一家书籍和杂志的大渠道商，还请他们以“未来的书店营运方式”为题进行演讲——会出现这样的插曲，也是理所当然。

从小林书店的例子，各位就可以明白，只要抱持热忱去做，即使是 500 日元的商品，也能创造无限商机。

虽然对零售店的卖场规划提出建议，也是制造商的职责之一，但事实上也有许多店家很懂得如何陈列雨伞，有时反而让我们学习到很多。

贩卖 Shu's Selection 雨伞的店铺，现在已经多达好几万家，每一家店铺都用他们独特的心思，很用心地贩卖我们的雨伞。

因为是 500 日元，顾客与零售店皆大欢喜

千叶的连锁量贩店也有贩卖 Waterfront。

过去，那家店曾贩卖过 298 日元或 398 日元的伞，从价格来看，虽然很便宜，却从来没有顾客说过它便宜。

然而，当他们开始贩卖“超值 500”（售价当然是 500 日元）之后，却有顾客询问：“这雨伞的价格没标错吧？”此时，“便宜”这个词才首次从顾客的口中说出。

我制伞的目的，就是为了听见顾客这样的惊叹，因此，当我听说这件事时，感到非常高兴。

我们向其他零售店推荐“超值 500”时，也曾有零售店表示：“要是我们贩卖单价较低的‘超值 500’，就会变成只能卖这个，之前贩卖的其他厂商的伞，会完全卖不出去，

这样对我们是一种困扰。”因而，他们不愿意卖我们的伞。

站在制造商的立场，这种“其他厂商的伞会卖不出去”的想法，乍听之下似乎充满了义气，但这个概念并没有考虑到消费者。如果站在消费者的立场来看，便宜、质量又好的伞，当然比较好。说不定，他真正的想法其实是：“要是卖便宜的伞，我们的利润就变少，这样对我们是一种困扰”。

尤其是在经济持续不景气的现在，零售店当然想赚取更多利润。因此，即使是质量很好的产品，一旦卖得便宜，就无法获得更多利润，所以他们不卖。他们并没有“提升整体业绩，以带来更多利润”的思维。因为业绩不好，所以只卖单价高的商品，以提高获利，抱着这种想法的零售店比比皆是。

虽然如此，但表示“不卖其他厂牌的高价雨伞，而改卖便宜的 Waterfront 之后，因为销量增加，反而赚得更多”的零售店，其实也很多。正因为价格只有 500 日元，才有许多女性顾客为了搭配衣服的颜色，而一次买下好几种颜色的伞。

甚至有零售店表示："要是没有'超值500'，我们可能早就不卖伞了。"

"超值500"正是零售店最需要的伞。价格低廉的商品，并不一定会对零售店不利。

思考提升零售店业绩的方法

为了增加像前述小林书店那样的卖场和店家，同时也为了提升未来商品的知名度，我们准备拓展零售店。

位于自由之丘车站附近的一家 Waterfront 小专卖店，可以称为零售店的先驱。在这里，不只是下雨天，就算是大晴天，也有许多人来买伞（虽然这是所有零售店的共通点）。这家店创立至今已经十余年，一直以来，顾客都是有增无减。

这家店从来不曾自行进货，自始至终都是由本公司来决定商品，直接出货给他们。这么做的结果，就是让这家仅三平方米的小店，平均每个月都有约 250 万日元的业绩。

达到这个成绩的秘诀，就是前述的“多种类组合式销售”。如果只挑选比较畅销的人气商品摆在店里，将无法持续达到这么高的业绩。正因为店里总是陈列种类丰富、色彩缤纷的伞，才能在晴空万里的日子也有业绩。

对我们制造商来说，如果没有零售店，就无法将商品送到顾客手中。因此，制造商也必须思考提升零售店业绩的方法。制造商和零售店必须肩并肩，一起前进才行。

我如果听见我们公司员工对零售店使用“库存”这个词，我会予以指正。我告诉他们，当他们想表达“库存量很多吗?”“消化一下库存吧!”的意思时，可以换个方式说，例如“贵店的商品还够吗?”“有没有欠缺哪些商品?”

相信只要站在对方的立场思考，就能明白我的意思了。如果库存过多，零售店的人员可能早就被公司责骂“库存太多了”，所以我们必须考虑到这一点。

对 Shu’s Selection 来说，“顾客”包括零售店和消费者，我们不能背叛任何一方。我们绝对不会给顾客带来任何困扰，也不会让顾客有任何损失，我们必须将这个理念永远放在心里。

零售渠道可以在一夕之间改变

我称呼某大卖场的一位代表为“零售之神”，他总是给我许多协助，例如针对我的伞给我意见，或者是介绍对实现我的创意可能有帮助的公司。他是我敬爱的前辈。

这位前辈曾经介绍一家制作形状记忆窗帘的公司给我，虽然最后那家公司的技术无法实现我的构想（后详述），但当时参访工厂的一日小旅行，却成为让我学习到很多的研修之旅。

如今这家公司已经成为大规模的窗帘制造商，当时“零售之神”留下了一个足以决定这家公司命运的巨大影响。二十多年前，“零售之神”有如一阵风般突然出现在这家窗帘制造公司，并与同行的采购和企划人员当场制作企划书，最后下了订单。

当时，这家制造商供应的对象，有九成都是浅草桥周边的中盘商。因此，即使对方是关东地区首屈一指的大卖场，这家窗帘制造商的老板仍是对与零售业者交易感到不安。然而“零售之神”却半强迫地说服对方，谈成了这笔生意。

据说，当时将窗帘制造商老板的内心推了一把的是，“零售之神”的“我会照顾你们”这句话。

正如这句话所表示的，现在这家窗帘制造商的客户，有九成是包括大卖场在内的零售店，而中盘商只占一成，也就是情况完全逆转了。“要是没有遇见××先生（‘零售之神’），我不知道我们公司现在会变成什么样子。”当时老板回顾时的眼神，我至今仍记忆犹新。那时我深深感受到，流通渠道和人的命运，都可能在一夕之间改变。

制造商与零售店应该追求的目标

就像Shu’s Selection的伞一样，便宜又耐用的商品，顾客再次购买的时间会拖很久，因此对商业行为来说是不利的。

事实上，也确实有零售商认为：“伞不是一下就坏掉比较好吗?”他们的论点是：“顾客要是不赶快再来买，会很伤脑筋。”不过，对于这样的人，我总是在心里想：“这家伙真是太过分了!”因为他完全没有站在顾客的角度思考。

“要是一下子就坏掉，顾客会再来买新的!”“只要把产品的寿命缩短，就能卖出更多!”——我从来不曾有过这样的想法。

话说回来，我当然也不认为“商品卖不出去也没关系”。一天出货几千组这样的“数字”，我也会在意。伞卖得越好，就表示相信本公司的消费者越多，所以我很关心出货量。

我非常喜欢黑泽明导演的电影，我相信，就算是黑泽明导演这样的巨匠，也一定会关心自己电影的观赏人次。他应该不会产生“我才不在乎观影人次，反正我拍了我自己想拍的电影，这样就够了”这种想法。

物品是否受欢迎，有没有人光顾，顾客是否感到快乐，顾客是否有所感动……所有制作物品的人，我相信都会在意。即使是小说家，写完一篇好作品，固然会得到一种满足感，可是到最后，一定还是会在意小说卖得好不好。

司马辽太郎先生曾说："我的书虽然成为畅销书，但真正理解书中内容的人，不知道有没有一百个。"不过，就算没有真正理解，知道有那么多人读自己的书，他一定很开心。

那么，该怎么做，才能让更多消费者买 Shu's Selection 的伞呢？我想答案就是站在顾客的立场思考，提供顾客想要的商品。

只要顾客感到开心，商品就会畅销。只要商品畅销，业绩自然会成长。因此，提供便宜、耐用又能让顾客高度满意的商品，我想，这不只是我们制造商，同时也是零售店所应追求的目标。

第4章

在晴天卖雨伞

靠战略取胜的基本推销术：挨家挨户推销

从开始制作雨伞起，我始终认为："就算不下雨，伞也能卖得很好。"因此，即使是盛夏，艳阳高照的炽热日子，我也会亲自抱着样品伞，挨家挨户地推销。这段往事我至今仍记忆犹新。

当时，业务员只有我一个人，但我又从未跑过业务，自然卖不出去。不过，我曾在书上看过"生意往往始于遭到拒绝后"这个概念，因此，我便继续做下去。

当初，我完全是以自己的方式，从零开始。

在那之前，雨伞业界的销售方式都是“下雨之后，卖伞的人才开车载货出门”这种非常传统的模式。在这样的环境下，我却可以自豪地说：“我们会在下雨之前就把货送到。”我的销售方式丝毫不逊于其他公司。

总而言之，我推展业务的出发点就是“挨家挨户推销”，而且是“不管哪里都去”。之前药妆店和书店等，都没有卖伞，但我也积极去接触他们。我还记得，在一个天色昏暗的冬日傍晚，我走进一家位于代代木站前，地理位置极佳的店里准备推销，没想到那竟是一间派出所。

在制伞业界中，Shu's Selection 算是起家比较晚，或许正因如此，我们才得以不循既有的渠道贩卖，能够成功开发当时没有卖伞的零售商。

从这个角度来看，“挨家挨户推销”就是关键，所以，我教导之后进入公司的业务人员：“除了汽车和地铁车门之外，都要去硬闯。”我这个想法至今仍未改变，因为我就是这样拓展业务的。

不要把“功课”带回来而要出“功课”给对方

我总是对我们公司的业务员说：“谈生意的时候，不要把功课带回来，而是要出功课给对方。”也就是“不要被对方牵着走，而是去牵着对方”。

后来我才得知，原来大型广告公司电通（Dentsu）的第四代社长吉田秀雄先生写给员工的行为规范“魔鬼十守则”，也有相同的内容：

一、工作应该靠自己创造，而非等着别人指派。

二、工作应该由自己主动积极去做，不可消极被动。

三、多做大事，小事会让自己的格局变小。

四、以困难的工作为目标，若能顺利完成，必能有所进步。

五、一旦起了头，就不要放弃，就算付出生命也不要放弃，直到达成目标。

六、要率领身边的人，率领和被牵着走，永远有天壤之别。

七、要有计划，只要立下长期计划，便能带来忍耐力、创造力、努力和希望。

八、要有自信，缺乏自信的人，工作会欠缺魄力、没有耐心且空洞不实。

九、随时让头脑全速转动，眼观四路、耳听八方，不能有丝毫松懈。所谓的服务就是这么一回事。

十、不要害怕起争执，摩擦乃进步之母，更是培育积极的肥料。若逃避摩擦，你将永远卑让且不成熟。

仓储式超市的采购人员当中，必然有些老于世故的人，有时对方会先丢出“可以请你这样做吗?”这样的功课。这时请不要回答“我回公司后再跟主管讨论看看”。如果无视对方的要求，会影响到双方的关系，所以，我们在接受的同时，也必须提出对双方都更好的提案。

当客户说“可以请你这样做吗?”的时候，我们可以当场提出新提案：“要是这么做，你觉得如何呢?”请对方考虑。这就是所谓的“不要把功课带回来，而要出功课给对方”。

老是接受对方出的功课，被对方牵着走，便永远无法做成自己心目中理想的生意。这样一来，伞就会卖不出去，一切也就毫无意义了。

不按牌理出牌，出人意表地推销

有一位名叫西田几多郎的学者，每天都在固定时间沿着琵琶湖的疏水道散步，这就是现在被称为“哲学之道”的小路。据说康德也习惯每天在固定时间做固定的事，看来哲学家似乎都是这样。

哲学家这么做，当然没问题，但是在推销的时候，最忌讳的就是采取单一行为模式。

所谓推销，其实包含各式各样的“出击方式”，因此有时候也必须跳脱一般人的想法，做一些出人意表的事情。

有句关于投资市场的格言是这么说的：“当山上聚集众多赏花者时，应沿着无人小径前行，便能欣赏到满山的花朵。”推销业务也是一样，如果一直采取同样的方式推销，对方的反应想必也不会有变化，这样就没办法开辟新道路。

假设我每天八点四十五分都会经过某条街，那么就该偶尔在七点走走看，这么一来，说不定会发现以往没注意到的店铺（如果真的发现了，当然就要直接冲进去）。只要在与平常不同的时间搭车或造访店家，就能邂逅不同的景色。而拓展业务的线索或机会，有时就在其中。

在拜访老顾客时，也不应该每次都循着同样的顺序，而应该以随机数决定顺序。有许多店家，不同时间段会有不同客层，店家采购负责人的态度，说不定也会随着时间而有所差异。这些全都是“单一行为模式”无法得到的信息。

我天生就是个只睡四小时就足够的人，因此我每天都很早起。某天早上，我突发奇想，从家中出发，花两个小时徒步到银座。

有种禅修方式叫作“步行禅”，我总是趁着走路的时候，思考许多与伞相关的事情。那一天，我也边走边思考许多事，并在途中看见很多风景。

我在五点左右抵达银座的“唐吉诃德”平价大卖场，我本来以为，在这个时间应该没什么客人，但一走进去，就被店里的人潮给吓了一大跳。

另一件令我惊讶的事是，五点十五分左右，停在新桥车站前的公交车已经挤满乘客，我心想：“大家在这个时间究竟要去哪里呀?”原来这是开往筑地的公交车，据说在筑地市场工作的人们，都是搭乘这个时间的公交车。

上述状况，只有在清晨五点来到银座才能得知。随着时间的不同，人和风景都会有改变，因此，像这种不按牌理出牌的行动，也会为自己带来新鲜感，相信各位也能感受到“不只为了推销（工作)”的乐趣。

还有很多事情，一定要在改变时间和场所后才会明白。只要避免固定在某个时间前往某一家店，以随机数行动，便能看见。

随机数比固定要来得好，若总是采取一成不变的行动，就算有一天想要做些出人意表的推销，也很难成功。

如何在大晴天也能卖出雨伞?

Shu’s Selection 是所谓的“卖伞店”，但我们并非一家单纯卖伞的公司。无论产品有多好，当销售者有“我只是在卖而已”这种想法时，就会遇到瓶颈。

因此，虽然伞是在雨天使用的东西（遮阳伞除外），但本公司的标语就是：在晴天也能卖出雨伞。

许多制造商都说：“现在经济不景气，所以东西都卖不出去。”但就是因为不景气，才有很多人想找物美价廉的东西，而且每年都有许多刺激消费的活动。只要这么一想，就算是伞，也会产生新的价值。

例如过年时，可以把雨伞当作贺年礼品。

而情人节时，与其送情人 1000 日元的巧克力，倒不如送 500 日元巧克力与 500 日元雨伞组成的礼物，这样更能让你的心意以具体形态长期留存，成为一种无价的东西。

此外，在新学年或新年度开始的季节，可以送对方能放进书包或公文包的小伞；在敬老节，既轻盈又坚固，还能当作拐杖的伞则大受欢迎。

我们有顾客准备写上名字的伞，当作婚礼的礼物；也有建设公司向我们订购折叠伞当作宣传赠品，送给前来看房子的客户。

拥有丰富色彩，设计多样化，低价格、高质量，用途广泛——这就是 Shu's Selection 的伞。正因如此，顾客才会想到连我们都大感意外的用途，这真的让我们学习到了很多。

我们的伞就是这样，能在生活中创造出无限可能，因此跟天气一点关系也没有。即使是晴天也能卖出雨伞，同时还能让顾客感到快乐。我们不会“因为业绩变好而高兴”，我与员工们一直以来的目标都是“该怎么做，才能让顾客快乐、让顾客惊喜”。

第二篇

雨伞界的“黑泽Production”

第 1 章

有工厂才有制造商

创立以制伞师傅和家庭代工为中心的公司

Shu's Selection 的产量大幅提升，是 1986 年的事。

一切从我在茨城县的古河市创立一家缝制工厂（很小的工坊），请专业师傅在那里工作开始。古河一带本来就聚集了很多制伞相关的专业师傅，因此我招聘了许多这样的专业人士，从一开始就进行加工和生产一体化。

制作一把伞，必须靠工厂的师傅们，将伞柄（握把）、主骨、支骨、蜂巢、中棒、伞珠、弹节等零件组装起来。我挨家挨户拜访各工厂的厂长，花了很多时间，才打造出

“制伞”的体制。

负责最后一道手续的缝制工坊里，有十几名师傅，工坊的负责人叫作小林专三，他将所有心力倾注于制伞，是一位相当值得敬佩的专业师傅，我真的受到他非常多的照顾。

除了工坊的师傅之外，我还拜托附近居民从事家庭代工。位于关东平原正中央的古河，在强劲季风吹袭的冬天，居民们便窝在家里的暖炉桌里制造雨伞。

其实，这样的家庭代工传承已久，师傅们将材料送来，发包给他们，再把完成的零件带回工厂。

当时他们制作的主要是其他制造商发包的名牌伞，有好几个设计师品牌都来委托他们，他们生产的数量相当惊人。

在生产线早已移向海外工厂的今天，一般都是用“几万打”来计算，但在当时，竟然就已经达到“几万把”的数量了。在全盛时期，他们可以在一个月内制造四万把雨伞，最忙的时候，一天可以达到 1000 ~ 2000 把。家庭代工的工作人员固然辛苦，但挨家挨户回收成品的老师傅和小师傅也非常忙碌。

在这样的过程中诞生的雨伞，每周都会被运送至自由之丘的办公室一两次，而这些雨伞都还没有装上伞柄（握把）。伞柄是我和员工在办公室里一个个亲手装上的。

从头到尾都是手工制作，从草创时期留到现在的老员工，装伞柄的速度都很快。

一把伞的诞生，必须经过这么多人的手。不过这些专业师傅，当时年纪其实都很大了，换句话说，我们接下来会面临人才缺失的问题。我们为了企划、研发雨伞及培育专业师傅，曾设立了一所雨伞专家的养成学校——东京洋伞学院，但是寿命却不长。

费时费工、成本又高的雨伞，在当时已经面临无法在国内生产的窘境了。

不只承接订单，更以自产自销为目标

当时的日本处于“证照全盛期”，国外许多设计师品牌都与日本的皮包和成衣制造商签约，制造和销售名牌商品。当然，雨伞也有很长一段时间持续处于这种状态。

这些名牌伞主要是在百货公司或名牌直营店贩卖，直到现在也是如此。

Shu's Selection 也曾接受一些名牌商的委托制伞，不过打从一开始，我们就没有打算只当组装代工厂商，我们的目标是制造自有品牌的伞，因此在承接外包工作的同时，我们也在为转型做准备。

“反正靠接受厂商的订单、制作名牌商品，就可以存活，所以这样就够了。”我从来不曾有过这样的想法。刚开始投入制伞时，我当然料想不到会有现在的成绩，不过我从来没有把“接单代工”视为终点站。

在“以薄利销售高质量好伞”的理想之下，我曾以“Shu's 全国优良伞普及之友会”的名义展开各种活动，我前往阿瑟士（Asics）的办公室、索尼（Sony）的工厂等地，趁着午休时间，向那里的员工推销雨伞。我也曾在幼儿园的义卖会上卖过伞，就是以挨家挨户拜访的方式卖伞。

当时这样的销售员称为“Distributor”，也就是现在直销的起源。英文的 distribute 是“使物品流通”的意思。

大量零件与工序——费时费工的制伞世界

在我刚投入制伞事业的二十八年前，雨伞业界还是个尚未现代化、跟不上时代的产业之一，因为制伞的分工相当繁杂。

雨伞看起来构造简单，但实际上却是由各种不同的零件组成，需要经过许多道工序才能完成。在当时，负责零件和工序的师傅之间，并没有太多的合作。

有专门制作中棒的师傅、专门制作弹节的师傅、专门制作金属骨架的金属师傅，以及专门负责金属镀膜的镀膜师傅，另外还有用机器将伞槽骨两端吊起，以进行上下侧加工的师傅，每个环节都由不同的专业师傅各自进行。

伞面部分，则是先在布店买布，送至工厂进行防水加工，并将布料从正中间裁开，最后在两侧施以三卷车缝。接着，再送至切布行，将布裁切成三角形。要做出漂亮的伞，版型非常重要，因此我们每次都会依照伞的尺寸及布料的种类设计版型。

布料裁成三角形后，就会送到家庭代工者的家中，由他们将八片三角形缝成一大片伞布。以手工将“伞珠”缝在主骨的末端后，再将伞布覆盖于伞骨上。

伞骨是由多种材料组成，首先用铁丝将“上巢”和“下巢”接合，制作成可以开闭的骨架，再放入中棒加以固定。将伞布盖在骨架上，由专门缝合的家庭代工者，在每支伞骨的一两个地方缝合固定。伞骨总共有八支，如果每支都缝合两处，那么共需缝合十六处，一小时也缝不了太多。

接下来，在伞顶处放上圆形的“天布”，再从外侧安装“木耳花”。这些步骤现在都已经机械化，用缝纫机缝合，但当时是以手工缝制为主流。在最顶端盖上“伞帽”后锁紧，以避免雨水渗漏，最后再用钉子固定。

像这样伞骨归伞骨、缝制归缝制，经过许多道工序才完成的伞，大多会放置一晚，隔天早上再检查有没有松垮或皱折。假使没有问题，一把雨伞就这么完成了。

我之所以花这么多的篇幅介绍雨伞的制作过程，是想让各位读者了解，制作一把雨伞要花费这么多功夫，而且需要极大的耐心。

创立以来的信念：用低价格提供高质量商品

虽然制作过程费时费工，但当时的雨伞价格并不高，一般约 3000 日元，就算是名牌伞，也顶多 1 万 ~ 2 万日元。话虽如此，但在二十八年前，3000 日元的日用品也算是高级品了。

Shu's Selection 除了承接这些品牌商的订单之外，同时也在研发自有品牌上投注大量心力，渐渐地，我们将经营的形态转变为扩大自有品牌。

时间或许也站在我们这边，因为就在这段时间，高级品牌的人气开始下滑，站在经营策略的角度，许多名牌商就在此时停止授权给其他厂商生产。

经济景气的时候还好，但在泡沫经济破裂后，高价位的伞变得很难卖出去。直到现在，百货公司贩卖的伞，虽然仍以名牌伞为主流，但是数量应该也在慢慢减少。

潮流的改变，使得名牌商委托制造的订单越来越少，因此，我们能拨出更多时间在研发自有品牌上。

打从一开始投入制伞事业，我就想用更低廉的价格贩卖雨伞这种生活必需品，而且要让雨伞的色彩丰富，可用来搭配服装。

当时，我们的自有品牌商品中，最畅销的是十六骨雨伞（一般的伞都是八支骨架），定价 3900 日元。这款雨伞的质量，就跟当时定价 5000 日元以上的伞一样，但我们却卖 3900 日元，而这似乎成了一种强力的宣传，“用低价格提供高质量商品”是本公司自创立以来不变的信念。

另外，招募专业师傅在古河设立工厂的时候，我最关注的就是“不能让他们失业”，这是我唯一重视的事。

不仅要让工厂的师傅及家庭代工者有工作，还必须让他们有定期收入。制造其他品牌公司委托的商品，虽然没什么不好，但如果完全仰赖这种类型的工作，万一对方有一天不再委托我们，那么我们的工作也就没了。这样一来，工厂的师傅及家庭代工者的生计便会受到影响。

因此，我们有必要创造自有品牌来销售，当时我一边接受来自其他公司的委托，制造名牌商品，同时也不停思索着：“想用更低的价格出售高质量的伞，究竟该怎么做才好?”

然而，在古河工厂生产的商品，还是无法卖得太便宜，因为只要在日本国内制造生产，成本就一定会变高，这样一来，就无法符合我“便宜贩卖好伞”的信念了。

经过多方考虑，我决定将工厂移至海外，我曾考察蒙古、印度尼西亚等地，最后决定在中国设厂。

告别制伞师傅，在中国设厂

我是在 1991 年将工厂移至中国，在此之前，我恳求师傅们：“未来将无法在国内生产，但在我们迁厂之前，请继续留在我们公司工作。”

在日本国内，无论是产量或人手都有其极限。替我工作的专业师傅和家庭代工者，也都出现了高龄化的问题。此外，伞骨及其他零件的材料，已经无法在日本购得，这也是促成我将生产据点移往中国的原因之一。

现在，除了中国内地之外，我在印度尼西亚和中国台湾也有设厂，总共有八家工厂。为了避免工厂集中在同一地区可能带来的风险，我故意将工厂分散。

就在古河工厂即将关闭时，我与工厂的师傅和家庭代工者一起来了一场温泉之旅。

做家庭代工的几乎都是老婆婆，她们因为“做不来在超市收银那种工作”，才替我们公司工作。以前的人都相当擅长缝纫，到最后她们的技术已可媲美专业人士，当时就有许多这样的高龄老婆婆。

目前在中国工厂工作的年轻人也很努力，如今也都达到职业水平了。

中国的制伞业界，分工也很精细，例如生产弹簧的工厂就只做弹簧，金属镀膜只在金属镀膜工厂进行，伞柄（握把）和零件由专门的工厂负责，还有工厂专门组装伞骨与中棒。另外，虽然所有零件都可以用机械生产，但如果没有仔细研究，便无法做出质量优良的产品。

因此，工厂的管理很重要，我平时就常到 Shu's Selection 的工厂进行指导、监督，要求他们把控产品质量。

即使是在国外制造，为了尽量使工序有效率，我会省略一切无谓的手续，同时补足需要的东西，随时注意不能让质量下滑。在这个时期，我们每天都在进步。

起初我也亲自参与制伞，几乎所有的工序和架构我都知道，因此我可以直接教导他们。在古河工厂时代，那些师傅和家庭代工者教我的事情，此刻依然存在。

原料供货商、承包商都感到幸福的工厂营运方式

虽然我很喜欢伞，不过我不是一开始就想到“我要招聘专业师傅，好好打造一家工厂”。

然而仔细思考之后，我明白了“伞是最原始的世界”这件事。就这样，我渐渐觉得：“说不定这就是我认为必要的世界。”

话说回来，制伞业界为什么要委托家庭代工制造呢？其实是因为要避免风险，就像农忙期、农闲期一样，制伞工作也有高低起伏。

例如，在非雨季时期，工厂就会变得很清闲。一月、二月还算好，三至六月达到高峰，而接下来的半年，则会进入几乎没有工作的状态。

因为上述种种原因，虽然有许多家庭代工者愿意在繁忙时接工作，但从他们的角度来看，这样等于只有半年时间在工作。

直到现在，原本在制伞工厂工作的人们，一到了闲暇期，就会承接其他工作来做，例如帮化妆品装箱，或是去别的工厂工作，这是很普遍的现象（当然，本公司的工厂并非如此）。

只要能保证一整年都有工作，他们便能安心，工作的意愿也会提高。只要确保他们能够稳定地工作，员工便会留下来，技术也会提升。因为我们建立了彼此之间的信赖关系，所以才能营造可以制造出好伞的环境。

从结果来看，这也能帮助降低成本。

进原料也是一样，不要只在繁忙期才进货，其他时期就都不进货，只要工作稳定，就可以一整年规律地进货。假如一次能购买一整年份，材料供货商便会提供一些折扣，给予许多方便。

这样一来，无论是原料供货商或承包商，都能开心地替 Shu’s Selection 工作——这就是最大的好处。

虽然我们在中国生产低价格的商品，但我们并不会勉强顾客或承包商，因为这么做，就无法制造出好伞了。

我的信念永远都是“用低价格提供‘高质量’的商品”，若没有了承包商的协助，这个目标永远无法实现，因此，我需要一个顾及他们幸福的架构。

维持庞大的库存量永远不缺货

因为工厂里有人在工作，所以我认为无论发生什么状况，都不可以关掉工厂。即使完全没下雨，即使伞完全卖不出去，只要工厂还在运作，商品就会被送来。

这些被送来的大量雨伞，都被贮存在三座巨大的仓库里，分别位于东京、横滨及神户。我也曾想过，仓储和物流都靠自己，不过，现在我委托仓储公司管理，因为把仓储业务交给专业的公司，我们就能专注于研发新产品了。

上述三个仓库中，永远囤积大量的库存，三个仓库总共约贮存 15 万箱，一个箱里装有 36 把雨伞，最多装有 48 把。三个仓库总库存至少有 540 万把，我们随时保持这么多的库存量。

宛如一打开水龙头，水就会流出来一样，我们的商品绝对不会缺货。

以前我们出货给某大型超市，即使 200 家店铺一起下订单，我们也从来没有缺货的情形，因此对方感到相当惊讶。

国外合作工厂的人员来视察时，也诧异地说："我从来没看过有这么多库存的制造商。"

现在，无论是在哪里的零售店，卖场面积都非常小，几乎没有多余的空间存放库存。因此，他们会在气象报告里说"明天会下雨"的时候，才来订伞，有时，甚至已经开始下雨，我们才接到订单。

因此，为了满足来自各方的需求，我们总是拥有庞大的库存量。

从结果来看，这样的做法提供了稳定的供给，同时也有助于降低成本。

第2章

将公司打造为“专业集团”

经营公司最理想的目标：黑泽 Production

如前所述，我是黑泽明导演的影迷。我当然无法得知“黑泽 Production”的运作方式，不过，在我的想象中，“黑泽 Production”应该是以黑泽明导演为中心，另外还有副导演、摄影师、灯光师等，每个人都在自己的岗位上努力工作。

我认为，Shu's Selection 这家公司也是一样，多亏了员工，我才能制造出好伞。

黑泽明导演曾说：“拍电影不是像把钱投进自动贩卖机

买饮料那么简单，但只要把眼前的工作一件一件耐心做好，不知不觉，一部电影就完成了。”

将非做不可的事情一件一件耐心做好，其实就是制造业的精髓。

我想，在“黑泽 Production”，一部电影的完成，应该是由黑泽明导演提出“我们来拍这样的电影”，并着手撰写剧本开始。

事实上，剧本是决定这部电影卖座与否的关键，但无论是什么样的电影，都必须结合演员、摄影、道具、服装等专业人士的力量才能完成。

Shu's Selection 也一样，以我想出的点子为基础，由工厂的员工制作出成品，再将完成后的伞交给业务部门贩卖。

我们会在线对仓库下达出货指示，这时业务部门的人就可以大展身手了。将伞送到零售店后，会产生出货单和请款单，这些则交由会计部门处理。我们的公司非常简单，每个人只要各自做好自己的工作即可。

因此，我们公司的员工并不多，现在稍微增加一些，达到三十五人，不过，我们一直以来都只有三十人左右的少数精英在维持公司运作。

正因为我们是这样的公司，所以复杂公司实行的内部流程、每个决策都必须盖许多章等麻烦的事情，都不会出现在本公司。由于人数少，所以遇到问题很快就能解决，我们的办公室也没有隔间，内部的沟通管道相当畅通。

我希望，我的员工什么都去尝试看看，因此我打算请他们当电视广告的主角。

我们曾在一些地区播放过广告，不过都是请该地区的艺人来拍摄，只是这样一来，这支广告就只能在该地区播放，所以我才想从我们公司挑一些员工，拍摄一支可以在全国播送的广告。

因为没有职位才做得到的事

在 Shu’s Selection 里，每个员工都是平等的，虽然有前辈、后辈之分，但我们没有一般公司的部门主管、科长等职位。

这也跟“黑泽 Production”一样，副导演、灯光、录音等专业人员，各有自己的工作，虽有前辈、后辈之分，却没有科长或部门主管等职位高低之分（当然这只是我的想象）。

没有任何职位的本公司员工，从某个角度来说，已经处于超脱的状态了，也就是说，没有人会因为“当上了部门主管”“升上了科长”，就用“上级对下级的态度”对待其他同事。

此外，因为自己所属的公司是人人平等，所以我的员工在面对别人时，也不会用“职位”看待对方，而是将对方视为一个“人”。

有些人因为自己升上了部门主管或科长，待人接物的态度就骤然改变；相对的，也有些人看见别人升官了，就突然开始逢迎拍马，Shu's Selection 的员工却不会如此。

有些人要是没被别人用职称来称呼，会心情不好。但是，即使没有职位，每个人都扮演着非常重要的角色，因此，我们公司的员工，即使是年轻职员，也不会有“因为对方是主管，所以要恭敬地面对他”的想法，我也经常强调这一点。

此外，我也会告诉员工，初次走进店家推销时，无论对方是店员还是店长，都要先预设对方是“好人”，来与他接触。

假如先预设对方是“讨厌的人”，你就会不自觉地流露出不好的态度。我们与客户和消费者之间的关系非常紧密，仿佛“还没认识时是陌生人，今天见面后就是朋友，明天见面时已是亲戚”，这就是跑业务。

所以一开始必须抱持“这个人是好人”的心态，来与对方接触。假如对方当时正好蹲在地上做事，我们就应该蹲下来跟他说话，而非站着与他攀谈。

不过，这些事情即使我没说出口，大家也会这么做。

自动自发地组成委员会及团队

虽然不是因为没有职位才这样做，不过每次要展开新尝试时，员工似乎就会组成团队。他们会自己决定团队的负责人，例如开发新客户时，会分配“这个团队负责拜访谁”。

另外，我们还有业务委员会、改善委员会及客户委员会三个委员会，每位员工都隶属某个委员会。据说，他们会共同讨论未来的发展，达成决议后，便统一在公司内施行。

到目前为止，我一直使用“似乎”“据说”等词，因为我们公司的团队和委员会，都是于几年前成立的，而我并不太清楚其中的细节。

有时当我问：“某某在吗？”员工就会回答：“他在委员会开会。”不过委员会到底在做什么，其实我也不知道。但我可以确定的是，他们做的一定是为公司好的事，因此我觉得相当开心。

我的员工不但自发地组成委员会和团队，还为了让制度更完善而开会，我由衷感谢他们。

当然，直到现在，我都完全没有插手。我的工作只有埋头开发新雨伞，而委员会和团队的运作，则全部交由员工处理。

我之所以能够把事情全部交给员工，是因为他们做了很多我不会的难事。员工有各自负责的领域，能确切掌握工作，知道什么是必要的、什么是应该做的。

相反，我就是因为不知道大家在做些什么，所以也无法给他们什么指示。

只有跑业务，因为我自己以前也做过，有时会告诉他们如前一章所述的“心得”。不过，有关具体的内容，实际跑业务的员工比我清楚得多，因此我总是受教于他们。

没有业绩压力却充满企图心

只有 35 人的公司，为什么能满足全国各地的零售店的需求呢？答案是：因为员工都很认真。

我们公司上班时间是早上九点，但是业务部门的员工大都在七点半就到公司了。以前还有员工更早来，因此我规定“最早只能七点半来”，若不这么做，会有员工六点或七点就到公司。

我自己大多在六点半左右就会到公司，公司的门由我负责开，不过，为了避免员工因为我这么早来而跟着早到，我事先宣告：“我是因为自己有事，才早到公司，大家七点半到就好了喔！就算你七点来，我也不会开门让你进来！”

由于真正的上班时间是九点，就算我说：“其实大家八点半左右来就好了，即使八点五十分抵达，也不算迟到。”大家还是会提早到。我很感激大家对工作的热情，但太早到公司应该也不好吧！

每星期一早上八点，我们都会举行 30～40 分钟的晨间会报。起初，与会的主要是业务部门的人员，但由于我们想达到共享信息、团结一心、朝相同方向努力的目标，最后就演变为全员参加。至于身在中国的员工，我们则会发传真或电子邮件给他们。

每天最晚七点半，我就会请员工下班回家，在我这么决定之前，大家都在公司加班到很晚才回家，简直就像 7－11便利店。

听我这么叙述，各位读者也许会问：“你们公司的业绩压力是不是很大?”其实我们完全没有业绩标准。原因之一是，我没有在其他公司任职的经验，因此我不知道该如何设定业绩标准；此外，我本身很讨厌这种规定，因此我连年度业绩目标都没有设定。

我只告诉员工：“保持冲劲，努力去做。”员工则会回答：“我们会加油!”这种“保持冲劲”的想法，是一种积极的表现，我觉得很好。总而言之，Shu’s Selection 是一家很抽象的公司。

当然，有些员工的业绩跟其他人相比并不亮眼，不过，这或许是我的缺点吧！我总是认为：“虽然业绩不佳，但他已经很努力了，而且他也是个很好的人，这样就够了。”

前些日子，有位员工前往偏远地区推销，据说回程连出租车都拦不到，因此便搭便车回来。我忍不住夸奖他：“你真不简单呢!”他的业绩并不好，但个性却很好，或许正是这个原因，那辆车子才会愿意停下来载他。

我认为，公司里有这样的员工，绝对不是坏事，甚至应该说是好事。

没招聘考试的公司——员工带来员工

我们公司并没有专门进行招聘，不过 2012 年有五位新员工加入。日本有这么多家公司，他们却选择了本公司，没有什么比这个更令人开心了。

Shu’s Selection 没有招聘考试，因此进入本公司的人，并非每位都经过挑选。

几乎所有的新进员工，都是通过现职员工的介绍而进入我们公司，我们没有招聘。我认为，既然是我信赖的员工所介绍的人，一定没问题。

员工会主动邀请他们心目中“希望可以进入我们公司”“想和这个人一起工作”的对象，从某种角度来看，他们等于拥有人事部主管或经营者的眼光，因此当然不会有什么怪人被拉进公司。

邀请朋友进入自己任职的公司，感觉就像是必须对朋友的人生负起责任。对于员工抱着这种心态招揽来的人，我也有一份责任。

话虽如此，我也没有对新人进行面试，顶多只是告诉他们：“我们公司可不像三井或三菱那种大公司，我们是跟一般商家没什么两样的个人商店。”

我不是透过分数遴选，也没有特别挑选头脑很好的人，因此与大企业里的优秀人才相比，或许我们公司的员工略逊一筹，然而，他们的热情和积极，却能弥补一切，因此我们公司的员工都很棒。

优秀的员工

在我创立 Shu’s Selection 之前，我曾短暂经营过餐饮业。从草创之初就在我们公司服务的四位元老，正是我经营餐饮业时的员工，即使公司突然变成制伞公司，他们依然继续跟着我。

直到现在，他们都还在 Shu’s Selection 工作。

也有员工曾在学生时期在我的餐饮店打工，后来我开始制伞，等他毕业后，便直接进入公司成为正式员工。当时招募工读生时，是由我担任主考官，面试时，他注视着我，连谈话时眼神都没有游移，反倒是我移开了视线。

他是非常认真的员工，甚至我和客户一起吃饭时，也对他夸赞有加地说：“我真的很尊敬这个人！”结果被客户笑说：“会这样夸奖自己员工的老板，还真少见！”

另一位工读生则是在大学毕业后，先去某上市公司任职，在札幌工作了四年后，才又回到 Shu's Selection。我辗转听到“他换工作后，看起来总是很落寞”的消息，有次去北海道吃成吉思汗烤羊肉时，顺道跟他碰面，我对他说：“你就回来吧！”

不知为何，他打工时使用的置物柜里，留着一件有点旧的外套，我没有把它丢掉，就这么一直留着。每次看到它，我都会想：“他什么时候会回来呢？”没想到，他真的回来了。我将那件旧外套物归原主，并告诉他：“我一直觉得你有一天会回来，所以一直保存着这件外套。”

我们公司有许多员工已经跟我一起工作几十年了，不过十年前，我其实经常对他们破口大骂，刚才我说我很

“尊敬”的那位员工，当时也老是被我骂：“你真的很不机灵!”

不过，我现在真的很尊敬他，因为他和大学时代一模一样，完全没变。他在写字的时候，总是很认真地从第一个字写到最后一个字，他就是一个脚踏实地、自始至终都很认真的人。这是我和他共事数十年，才渐渐了解到的。

换句话说，其实是我有所成长了。我的员工打从一开始就很优秀，只是当时的我并不知道，所以才一直抱怨他们。现在回想起来，还真是愧疚，我由衷感谢这些愿意跟随我的员工。

最令人高兴的是，员工表示，他们想让自己的孩子也进入 Shu’s Selection 工作。他们对公司充满了感情，身为经营者的我，没有什么让我感觉比这个更光荣了。

第3章
“良品薄利”经营学

天气的问题就交给天气解决

各位可能会以为，“超值500”问世以来，一切都进行得很顺利，但事实当然不是如此。我们也曾面临不顺利或重大危机，不过，或许是因为我个性乐天的关系吧，我其实没有太大的感受。

或许有些人会质疑：“身为经营者，这样的态度没问题吗?”但就是因为我事情一过就忘了，所以到目前为止，我都不觉得太辛苦。这个世界本来就不是永远平顺，事实上我也遇过很多难关，只是我几乎都不记得了，可能是因为我的脑袋永远只想着雨伞。

即使从亚当·斯密（Adam Smith）的经济学来分析，我们也无法得知明天是否景气，由此可知，经济其实是复杂又无法预测的东西。天气也一样，即使是气象预报员，也无法确定明天（或今天）是否会下雨。有许多事情，只有上天才知道。

我总是说："天气的问题就交给天气解决。"因为人类的预测不准确，因此面对无法预测的经济发展状况，我们能只尽力去做。

话虽如此，我也不是站在一旁什么都不做，既然我从事的是"生产商品并出售"的工作，就不可能不受社会情势的影响，因此，不只我自己的公司，就连零售店的状况，我也相当在意。

我一直以来的想法就是，尽量让我的客户，也就是零售店，能多获得一些利益，因此，就算是500日元的商品，我也会尽量压低成本。然而在日元贬值的今天，实在无法避免成本的提高，而且情况十分严峻。

我会在1美元可兑80~85日元的时候，先买美元储存。

不同于大企业，我们只是像个人商店的小公司，在经济不景气时，只能勤奋不懈、随机应变，但我认为，这样也不错。

在日元持续贬值的现在，若你问我，现在算不算危机，答案是肯定的。我总是对员工说：“你们要随时抱有危机意识。”但他们似乎不太理会，所以，我正在考虑，下次要不要威胁他们：“要是日元继续贬值，你们就没有奖金啰！”

不过，再仔细想想，员工之所以没有危机意识，或许是因为我这个当老板的人，总是表现得一派轻松的关系吧！所以，我打算未来要让他们更常看见我勤奋不懈的一面。

说到“勤奋不懈”，我的脑海中有个很符合这个词语的情境。各位知道，由新藤兼人执导，描写住在小岛上的农民一家人的电影《裸之岛》吧？

电影里屡次描绘，一对住在濑户内海小岛上的夫妇，每天都划船到另一个岛上汲水回来，灌溉他们所住岛上的农作物。第一次看这部电影时，我被那对默默工作的夫妻（在那段情节中，确实没有任何台词）深深感动，至今仍记忆犹新。

这部电影告诉我的是：正如每天灌溉田地一样，抛开过度的物质生活，勤奋不懈地工作，才是人类应有的生活方式。

在次级房贷引发的金融风暴后，不景气的状况始终没有改善，因此我认为，身为经营者，必须永远保持冲劲，勤奋不懈地努力，带领公司度过危机。

用 80 日元销售价值 120 日元的水

在城市里卖 120 日元的水，到了山顶上，会卖到 200 ~ 300 日元。假如是在沙漠，或许会卖到 1000 日元，甚至 1 万日元也都卖得出去。

然而，如果用比原价（120 日元）还要便宜的价格出售，顾客就会大为感动，同时感到震惊。

我就是想永远做这种令人吃惊的事情，以“雨伞界的艺人”自居，持续不断为客户带来惊喜，这是我微小的愿望。

最近有越来越多的超市及便利商店在促销自有品牌商品，但我认为，那只是原本定价太高，现在恢复正常价格而已。

100 日元的东西以 80 日元卖掉，的确是吃亏，但其实成本更便宜。换句话说，我是因为用 80 日元来卖也能赚钱，所以才降价，实际上并没有亏损。

500 日元的伞，成本可能是 300 日元或 250 日元。因为我们是企业，所以必须在有钱赚的情况下，将产品保持在一定的水平。

企业必须努力，创造出“即使将别处卖 120 日元的东西以 80 日元卖出，也能够赚钱”的结构。

在我开始创业时，2900 日元或 3900 日元的雨伞是主流，但 Waterfront 刚推出时，价格就是 500 日元。为了配合这个价格，我花了很多心思，想办法让公司在这个价格之下还能赚钱，最后终于在十几年前推出了“超值 500”。

“该如何打造出只卖 500 日元，但品质却不输两三千日元的伞呢?”我努力思考着。

现在日币贬值，成本上涨，我思考的则是：“500 日元的商品，还能再添加什么附加价值?”

不牟取暴利，努力压低价格

在商场上经常可见“薄利多销”这个词，另外还有一个自古流传的说法，叫作“良品薄利”。即使自己的利润变少，我们的最终目标，仍是为客户提供质量优良的产品。

Shu’s Selection“用低价格提供高质量雨伞”的理念，正是“良品薄利”的精神，我的想法并不是“便宜出售，大赚一笔”。

每个企业都以提高公司获利为第一目标，Shu’s Selection也是一家企业，当然也必须顾及获利，但那并不是我们的主要考虑。

我希望，Shu’s Selection永远是一家“让买伞的消费者开心，让卖伞的零售店开心，最后让自己也开心”的公司。

也就是说，最后的喜悦才是最好的，我希望，自己永远都是最后开心的人。

我的经营理念并非一直紧跟消费者的脚步，而是思考该如何将利益回馈到消费者身上。如果不持续用心思考这件事，就不能让客户惊喜，也无法感动顾客。想要经营公司，就必须不断花心思。

这时最重要的一点是，不要对别人造成负担，而应该自己负起责任。例如，当长照保险施行，长期照护事业便获得庞大利益，于是许多人开始加入长期照护事业，但我认为，这是一种卑劣的行为。当然一定有人因此得到帮助，可是想搭制度顺风车大捞一笔的企业，确实不在少数。

“不牟取暴利”是我的经营方针之一，我绝不会贪心追逐过多的利益。

Shu’s Selection 目前拥有 161 件产业财产权（包括专利、实用新型、工业设计、商标权等，截至 2014 年 2 月）。我们可以收取费用，将这些产业财产权出让给其他公司使用，或是应用专利技术，接受其他厂商的委托工作，借以获得更多的利益。

但我没有打算做这种事，理由之一是，这么一来就会出现许多限制，让我无法制造我想要的伞，更重要的是，我并不是为了赚钱才申请专利。

我之所以申请专利，是为了保护消费者。

在“超值500”刚推出的时候，由于没有申请专利，市面上出现许多仿冒品。他们虽然能模仿“500日元”这个价格，但在技术面相当粗糙，也就是所谓“便宜没好货”的伞。这样一来，便会对消费者造成不利，所以我才决定申请专利。

我想要靠我们自己的力量，将Waterfront推广至全世界，就算别人捧着钱来，我也不会将技术和理念卖给别人。

我当然希望，能让更多消费者使用本公司的伞，但顾客只要自然地慢慢增加即可。

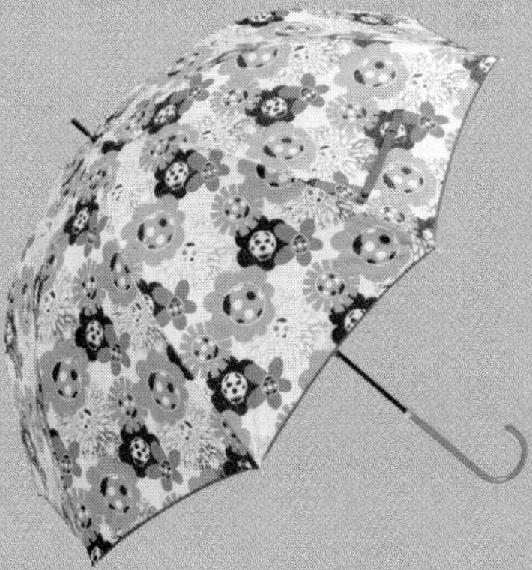

第三篇

唯一的才华是制伞

第1章
永无止境地改良

被油纸伞深深吸引的少年

我年幼时曾见过一个情景，这个情景一直留在我的心里，令我怀念不已。那是我五六岁，住在长崎时发生的事情。

当时的我，一有空就会跑进邻居一位制伞师傅家中，看他制作雨伞。我总是仔细看着师傅将涂了油的防水纸一片一片地贴在伞骨上的过程，从来不觉得腻。

“雨伞好漂亮喔!”我想，一开始应该只是稀奇，但是年幼的我，渐渐被雨伞所吸引。当时穿和服的人很多，我依稀记得，我很喜欢穿着和服、拿着油纸伞的大人的身影。

现在的年轻人听到，可能会觉得好笑吧！在我的故乡，雨伞相当贵重，只有在一年举办两次的祭典上才买得到。当时的情况如此，因此大家都非常爱惜雨伞，一把伞可以使用好几年。

我之所以会喜欢伞，也许是因为对昂贵物品的憧憬，再加上雨伞本身没有过多装饰的美吧！

长大后，我来到东京，做了许多不同的工作，最后会在四十岁时决定投入制伞，我想就是我小时候所见的景象的缘故吧！

一回神，我投入制伞事业已经将近三十年，我的人生可以说有一半是跟雨伞一起走过来的。我对其他事情一窍不通，唯有制伞的点子，却总是源源不绝地涌现。

逐步完成先人交代的“功课”

雨伞这种产品，直到现在，都无法全自动化，必须手工制作，而不是把材料丢进机器，成品就会自动跑出来。由于制作过程投入了那么多人力，因此我最大的心愿当然是希望顾客能珍惜它。

一把伞的形成，必须结合中棒、主骨、支骨、伞布等琐碎的零件。只要缺少其中一个小金属零件，这个产品就不能称为伞，也不能使用。多种零件互相帮助，才能成为一把伞，因此我真的很希望各位能爱惜它。

不过，伞却很容易被忘记。据说，JR 东日本（东日本旅客铁路株式会社）每年都会捡到超过 30 万把的遗失伞。500 日元这种低廉的价格，或许会让消费者产生“不见了，再买一把就好”或“当作抛弃式的伞也没关系”的想法，这就是便宜伞的宿命。

但即使如此，还是有许多人多年来都使用同一把 Shu’s Selection 的伞（只要看一眼，我就能从款式判断是什么时期制造的伞），因此我一直都很努力地用心制作。我认为，雨伞有一种吸引人的力量，我是个长年与伞一同生活的人，因此伞对我来说具有极大魅力。

下雨的时候，几乎所有人都会撑伞吧！在先人的巧思下，雨伞可以单键自动开关，可以折叠，正因为有了这些巧思，才有现在的雨伞。

我以先人的努力为基础，再不断下功夫，继承制伞的传统。在我第一次制作雨伞之前，世上没有仅重 98 克的长伞，而这把伞，是经过无数次材料组合及伞骨设计的错误尝试才完成的。

雨伞至今之所以还有改良的空间，或许是先人托付给我们的“功课”也说不定。

人类在“制伞史”上累积的经验，成就了现在的 Waterfront。我也会继续用心改良，相信未来一定会有更好用的雨伞诞生。

或许通过制伞我的才华才得以发挥

虽然当初投入制伞业的原因，是“因为这是个还有发展空间的业界”。不过我真正觉得“若是在制伞业界，我就能有所发挥”，则是在着手制作之后的事。

在真正投入之前，我只是单纯喜欢而已，从没想过自己有制伞的才华。开始制作后，我才了解我似乎拥有制伞的才华。

因为只要是关于雨伞的事情，我总是有无数的点子。

每次突然想到什么创意，我就会在隔天指示员工制作样品，从想出点子到样品完成，最快只需要一天。

我总是对员工说："假如慢慢做，那么任何人都能做得到。"我告诉他们："正因为慢慢做，任何人都能做得到，所以要迅速做，才有价值。"我自己也是时时这么提醒自己。

我在脑海中构思后，画出草图（有时也会直接用口头说明），再请中国的工厂制作样品。几乎所有的雨伞，都是在这样的流程下诞生的，因此，关于商品研发的企划书等，都没有以数据的形式留存。

工厂送来样品后，我会改良好几次，直到满意为止。根据我的指示改良，并交由第三方机构检验后，才能将这个经过许多努力才完成的产品出货。所有产品都是经过上述过程，才会在市面上流通。

顺带一提，我们公司的样品，通常都是在员工不知情的状况下制作完成的。一项新产品的样品会突然出现在他们面前。我会把伞打开给他们看，同时告诉他们："新样品完成了喔!"他们就相当于第一次看见商品的顾客，因此，我总是很期待他们的反应。

即使是已经在市面上流通贩卖的商品，倘若发现需要改善的地方，我们也会立刻改良。以前有款名为"Soft Jump"的伞，在关伞时不会有"喀"的一声，让我很介意，于是我便不断改良，直到它可以发出声响。

每次改良都必须重新开模，非常费工，但我每天都会想到有助于改良商品的新点子，我总是告诉自己，必须不断想着如何改良。

因为我想让更多的顾客感动地说："这么好的伞，真的只卖500日元吗?"所以我就寝时也总是把雨伞、笔记本和笔放在枕边，以便随时想到点子时，都可以记录下来。

产品完成后仍不断改良

每个人都有擅长与不擅长的事，我只有在制作雨伞时，才有源源不断的创意，上天并没有给我太多才华。不过，靠着这份创意，我只要觉得伞哪里不够好，就能加以改良，使其变得更好用，同时也可以想办法压低成本。

每个改良都是依照我自己的感觉，我不是在接到顾客投诉，或听到别人说“用起来哪里怪怪的”之后，才开始改良，而是当我自己觉得有点不好用时，就开始修正了。一件东西好不好用，是一种很微妙的感觉，为了持续改良、持续进化，就必须先让自己感到满意。

此外，我有自信，我比任何人更常思考什么才是好伞，因此，只要改良我觉得不够好的地方，相信就能打造出比原本更好的伞。

厚度只有 2.5 厘米的“扁平口袋伞”，是 Shu’s Selection 的折叠伞当中最畅销的商品，它薄到可以放进口袋里，当然价格也是500日元。这把伞在2004年的“日经优秀制品服务奖”中获得了优秀奖，当时我出席了颁奖典礼。在当年问世的众多高科技商品当中，我们这个低科技的“扁平口袋伞”竟然能脱颖而出，实在是非常了不起。

我还记得，在颁奖典礼上，我与多位大企业老板并列站在一起，我不禁心想：“实际进行产品研发的，大概只有我一个。”并有种莫名的感动。

这款“扁平口袋伞”直到现在都还在改良，我已经进行了六七次改良，但我认为，只要还有改进的空间，就应该再多下功夫。

“扁平口袋伞”自从2004年问世以来，一直维持500日元的价格，同时不停改良，在不知不觉中，顾客觉得“扁平口袋伞”变得越来越好用。

不过，我不会明说我改良了这把伞的什么地方，因为顾客不是雨伞专家，不需要知道那么多。只要各位能够在使用多年以后，突然想到“这把才500日元的伞竟然能撑这么久”，我就心满意足了。

要达到这个目标，质量、设计和价格的平衡就显得格外重要了。我以打造出像我小时候看见的那种“让撑伞的人看起来更美”的伞为目标，夙夜不懈进行改良。

有些细节必须等到做出来才知道

我们的折叠伞，从“超值500”开始，便朝向小型化来革新技术。最具代表性的是，将伞骨与伞骨的重叠部分以叠套的方式收纳直径只有3.5厘米的“笔细伞”。顾名思义，像笔一样细，就是它的最大特征。

一般的伞有六支伞骨，比“笔细伞”更细，直径只有2.8厘米的“Five Star伞”，只有五支伞骨。相对的，我们采用强度比铁高两倍的超合金当材料。现在，为了克服超合金的缺点（太重及会生锈），我们又将材料改为不锈钢。

当然，还有些伞，即使我们在各种小细节上下了功夫，经过多次改良，却依然不满意。

折叠伞中，以“扁平口袋伞”为代表的一般折叠伞，是三折伞；全长16厘米的“超级迷你口袋伞”则是五折伞。曾经，我们也挑战过七折伞。

与16厘米的五折伞相比，七折伞的长度只有12.5厘米，非常迷你，但是折数一旦变多，伞布也必须折叠进来，结果变得很难收。虽然这么小的尺寸确实令人印象深刻，但实在太难收了，因此我没有将它商品化。

当时我真的很想推出这款雨伞，甚至连“迷你口袋Seven”这个名称都取好了，不过到现在，连员工都会说：“七折伞？我不知道，我们有做过这种伞吗?”

七折伞确实很难收，这正是必须实际做出来才会知道的事。尤其是对折叠伞来说，最重要的是一下子就能打开，并能迅速收合成轻巧的状态，因此，好不好收折便是关键。开伞时还好，但收伞的过程如果太复杂，会让人感到焦虑，甚至产生压力。

事实上，在制作五折伞之前，我们也试着做过四折伞，不过这款也因为很难折叠而不好卖。折叠伞的折数，似乎是单数比较好。

“雨伞之神”为我带来贵人

这是很久以前的事了，有位教会朋友，介绍了一位意大利人给我这个非基督徒。

那个人是从意大利进口商品来日本贩卖的贸易商，而意大利制的伞，伞柄（握把）的颜色非常漂亮，于是我拜托这位意大利朋友帮我进口伞柄，再与 Shu's Selection 制作的雨伞结合，创造出独一无二的款式。

当时制伞的工厂还在国内，我们准备了未装伞柄的雨伞，装上意大利的伞柄。然而，为了让意大利制的漂亮伞柄“活”起来，包括伞布在内的其他部分，全都必须配合伞柄。

当时，意大利的班尼顿（Benetton）服饰公司以“班尼顿色彩”博得极高的人气，但在日本却很少有的色彩。或许是因为意大利的地中海型气候及开朗的民族性，使得他们爱用颜色与染料。

意大利的商品或原料都有独特的色彩，伞布也有很多是日本所没有的鲜艳色彩。只是意大利的防水加工水平较一般，因此我决定，防水加工工作都必须在日本进行。

介绍我认识这位意大利人的朋友，对雨伞一窍不通，也没有特别的事情要找我商量，然而他却介绍了一位我需要的人给我。

“只要持续做对的事，一直在看着我的‘雨伞之神’，就会为我带来贵人。”我不禁这么想。

“绝对不会断的雨伞”是用什么材料制成？

我曾经为了想制作一款绝对不会断的伞，而创造出一种名为“超硬化木棒”的材料。

东京东上线的埼玉县小川町，有个专门制造筷子、韵律体操环、体操棒及门把等坚硬材料的合板工厂，我委托这家工厂，帮我们制作不会断的木棒。

做是做好了，但因为木棒实在太硬，我们很难把“弹节”（开关伞时按压的零件）嵌进里面。此外，因为木棒密度太高的关系，即使很细，还是很重。不过相对的，无论怎么用力折，绝对折不断。

于是，我又请这家工厂，把本来要当中棒的木棒，加工成圆形的伞柄（握把）。虽然做出了很棒的折叠伞的伞柄，但很遗憾的是，这款伞不畅销，最后，我们只好把剩下的伞柄全数销毁，这就是一个失败的例子。

当一个新想法浮现后，必须多方搜集资料才能得知，这个想法到底能不能实现。

在搜集资料的过程中，我们会发现，世上有各种不同的东西，而这些东西都有不同的用途。当我得知，和纸也可以加工得很坚硬，甚至作为高尔夫球杆的杆头后，我便开始思考，是不是也可以利用它来做伞。

有时候我是看到一种材料后，才开始思索它能不能拿来做伞；有时候则是先浮现“不知道有没有这种材料”这样的疑问，再主动去寻找。像这样思考该如何应用优质材料，也是制伞的精髓。

投入心思不辜负顾客的热情

Waterfront 的爱用者当中，有一位非常热情的顾客，他曾寄了一封信和一把改良过的伞给我，信上写着：我做了这样的改良，请参考看看。

虽然 Waterfront 本身已是一把凝聚许多心血的雨伞，但这位充满研究热忱的顾客，却想要下更多功夫。此外，我也曾收到过一位顾客的来信，他表示希望我们能将他想到的点子应用在商品上，或是表示他已经申请了实用新型，希望通过我们将其商品化。

这些顾客不但爱用我们公司的伞，甚至还花心思帮我们改良，我实在太感激了。我永远记得，一位高龄女士在捎来的信里写道："这是我第一次看见贵公司的雨伞时想到的点子。"

但遗憾的是，到目前为止，还没有足以让我惊叹的点子。Shu's Selection 的历史不算短，但在顾客的提案中，令我感到“这个好”的创意，至今尚未出现。

虽然不全然是因为让我觉得惊叹的点子尚未出现，但我们公司也基本上不会将别人的创意加以商品化。自始至终，我都是用自己想出的创意来制伞。我想，使用者的眼光和提供者的眼光，或许还是有所不同。

看着高级手表思考制伞

日前，有位实业家前辈邀我参加卡地亚（Cartier）高级手表展销会，那位前辈比我年长二十岁，但我们两个就像好伙伴似的很合得来，他也经常邀我去看相扑。

一走进位于六本木之丘的展销会场，映入眼帘的都是要价 1000 万 ~4000 万日元的所谓珠宝手表。看到这么多昂贵的高级手表，200 万日元、300 万日元的手表相比之下都变得很便宜了。

销售人员向我推销时，我感到很为难，于是我这么婉拒：“我不会买这么贵的手表……”但对方毕竟是生意人，他不死心地说："那么，一百万日元的手表怎么样呢？"最后我说："要是我有那么多钱，我就全部拿去制伞了。"这才得以逃开。

至于这位老前辈，则是若无其事地买了一块1200万日元的手表。镶嵌了那么多宝石的奢华手表，价格让人惊讶，但只要顾客能接受，就会买下。这时我才惊觉，或许"超值500"带给顾客的是一种完全相反的惊讶。

现在Shu's Selection的商品中，3000日元已经算贵了，假如我制作了5000日元的伞，而顾客惊讶地说："为什么这么贵？"我再告诉对方："其实这里使用了24K金。"

这么一来，对方可能会吓一跳："那不是太便宜了吗？原来Shu's Selection就算使用那么好的材料，也会这么便宜呀！"（当然，这只是开玩笑，保险起见，我还是澄清一下：我们并没有使用24K金的雨伞。）

我曾在某处看到这么一句话："让简单的东西看起来很难，轻而易举，但要让复杂的东西看起来很简单，却极为困难。"

以这个例子来说，这把伞看起来构造非常简单，但一问之下才知道，原来它的性能非常优异。这么一来，即使卖5000日元也算便宜。如果能制造出让客户这么想的雨伞，或许也很有趣。

就像这样，我即使参加了高级手表的展销会，脑中也一直在想着雨伞。不管身在何方，雨伞从来不曾离开我的脑海半刻。

第 2 章

追求最高级的雨伞

让雨伞文化更丰富

我总是无时无刻思索着制伞，当我前往富山的时候，脑中便浮现一个新点子。经过研发，最后制成商品的，就是我的得意之作“富山 Thunder”。

富山的雪因为含有大量水分，所以很重，此外，富山也是个风大的地区。这是一把为了富山当地居民设计的伞，因此，我将设计主轴设定为“坚固耐用”。

然而，光是坚固耐用还不够，我想要让它更轻盈，看起来也更清爽。经过一番思考，外形亮眼、内在强韧的

“富山 Thunder”就此诞生了。

托各位的福，这把伞的评价相当高。据说，消费者最喜欢的是，仿皮革的伞柄搭配稳固的伞身，充满了高级感，而且这把伞才卖 1000 日元。虽然它大受欢迎，但我相信，未来仍有许多需要改良的地方。

另一款“樱岛 Fire”，则是我前往鹿儿岛时发明的，一款专门对付火山灰的伞。住在鹿儿岛的朋友们，长期为樱岛飞来的火山灰所苦恼，因此这款雨伞的前方采用透明设计，以避免遮蔽视线，伞身则可以覆盖肩膀。

我之所以会制作这种“当地专用伞”，是因为每个地方的气候、环境不同，我认为，雨伞也应该随着地区的不同而有不同的特色。

就像每个地区都有当地文化一样，我想让雨伞的文化也越来越丰富。对一家专业制伞的公司来说，除了制造好伞，伞文化越来越丰富也是重要的目标。

另一方面，我们也推出许多充满玩心的伞，例如仿造日本刀外型的“刀 Crest”，以及模仿手枪外形的“手枪 Crest”等。

“Crest”的意思是“纹饰”，这两款雨伞上的“菊菱”图纹，其实是我的家纹。

这两款雨伞的售价都是1000日元，它们的销量虽然没有“超值500”那么高，但在这个价格之下想要获利，需要考虑其最小生产量，因此每次仍必须以几千把、几万把为单位来制造。

需求量较大的伞款，通常产量都是几十万把，不过，刚开始推出的新伞款则是少量制作（话虽如此，但也是以几千为单位）。由于一开始就开好了模子，等新伞款的销路上轨道后，即可开始大量制造。

第一批生产的“日本刀Crest”和“手枪Crest”，刚推出便销售一空，大获好评。之后，又有许多订单涌入，因此每批制造出来的产品，其实只够消化既有的订单。

曾有顾客告诉我，当他向朋友炫耀“这把伞要3000日元”时，朋友惊讶地说：“这么便宜，我也要买!”但价格其实更便宜。而且，上述两款都是能自动开启的折叠伞，据说，单是冲着这个功能，就有许多消费者想买。

顺带一提，制造这种特别的伞款时，我从不与员工讨论，因为这种创意不能以多数决定的方式执行。

在命名之后才不断涌出创意

我有无限关于伞的点子，也有很多想做的伞，但毕竟工厂的库存空间有限，在现实条件下，无法全部制造出来。即使每个月都推出新产品，也不足以消化完我的点子。

我曾经试做过无数种样品，例如“勿忘伞”，这个名字不错吧？

在伞柄中放入磁铁，搭电车时，可将伞吸附在扶手上，这么一来，乘客既可空出手来，又不会把伞忘在车上。

可是磁铁是一种难用的材料，一加工就很容易碎裂，而且至今仍未找到解决方法。目前虽然只想出“勿忘伞”这个名称，但我希望总有一天能将它制造出来。

如上所述，有些伞款是在制造前就先有名称，而我总是在这个阶段先注册商标名称。有许多伞款如同“勿忘伞”一样，已经有名称，只是还没具体制造出来。我的梦想就是："总有一天要做出这种伞""实际做出那款伞吧"。

有一款还没完成的伞叫作"潜水艇"，这款伞的创意在于，将一只伞骨埋在另一支伞骨中，折叠后会变得非常细。

因为伞骨"潜入"另一支伞骨中，所以叫作"潜水艇"。当时我立刻觉得："这个好！"于是便注册了商标。其实它在我心中已经完成，只是还没商品化而已。

在我脑海中浮现的商品名称，有些并不是雨伞整体的形象，而是某个特殊的功能，像"Limousine"就是一个例子，正如其名，这是一把两三个人一起撑，空间也绰绰有余的大伞，但折叠起来之后，大小却如同一般雨伞。

雨伞在不用的时候，当然是越小越好。折叠伞的问世，我想也是为了因应这个需求。假如真的能制造出这样的伞，不是很令人开心吗？不用的时候体积很小，但一打开就能为两三个人遮雨的"Limousine"，也是我的课题之一。

其他有趣的名称还有"河童蛙""暴牙兔""飞毛腿猴"等。当我看到佐川宅急便的飞毛腿商标时，便心想：要是把那个商标变成猴子，一定很有趣。但最后会变成什么样的雨伞，我还不知道。

我的点子永不枯竭，当然也有很多商品没有问世。我的出发点是“为了使用者”，所以无论必须下功夫，只要有任何一个小地方不太好用，就不能将其商品化。

不过，电影或舞台剧里若只有主角，也不会好看，正因为有许多配角，整体才会变得更好。

伞也是一样，除了畅销商品之外，也有许多在样品阶段就被淘汰的伞，因为销路不好而停止贩卖的伞。正是因为有这些伞的存在，真正的好伞才能显得更耀眼。

“银行员遮阳伞”所蕴藏的心意

“我好想做出这样的伞”“真想把伞改良成这样”——每一把伞，都蕴藏我的心意，从名称上最能感受到心意的是“银行员遮阳伞”。

当时负责本公司业务的一位银行员，很有热忱，每次来拜访本公司时，总是满头大汗。“如果要帮助这个人，我该怎么做呢?”这款伞就在我这个想法下诞生了。

镀银的遮阳伞可以隔热降温，撑伞时，至少头部不会那么热。我是为了总是认真工作的他，才着手制作这款伞。

推出这把专为四处跑的业务员设计的“凉伞”时，我提出的概念是“头部感觉就像在轻井泽”。

神奈川县的“湘南”这个地名，以品牌来说，已经建立了某种程度的地位，冠上这个名称的伞，在北海道或冲绳的人当然也可以使用。“湘南 Tetra Barricade”“湘南 Cool Tech”，便是在此想法下取的名字。

重要的是，从“湘南”这个名称可联想到什么样功能。提到湘南，第一个想到的就是海洋、游艇，这些伞正是搭上游艇都能撑的伞，不但防雨、挡风，更可隔热、遮光，并加上抗 UV（紫外线）的功能，是一款很棒的伞。

“湘南 Tetra Barricade”是长伞，名称中的“Tetra”表示可抵挡雨、风、阳光、热等，“湘南 Cool Tech”则是折叠伞。

由我所命名的伞，特征是可从名称看出其功能，也就是大多名副其实。虽然这些名称都没有玩什么文字游戏，只是有点冷的谐音，但我认为，直接把功能表现在名称上，才能让消费者知道这是什么样的伞，不是吗？

最近，遮阳伞在男性群体中也慢慢流行起来，因此我认为，镀银或抗紫外线的伞，未来将会更受欢迎。

我希望顾客都是在了解雨伞功能的前提下，来购买我们公司的产品，因此我总是极力以浅显易懂的方式来命名。

注册商标就是梦想清单

我一想到名称就立刻注册商标，因为那是由我命名的东西。当然也有部分原因是为了确保自己的权利，不过更重要的是，我喜欢那种宛如盖下印章的感觉。或许就像大家在旅行时，喜欢在当地搜集纪念章一样。

以前我用来当品牌名称的“花钟”“Sunny Booth”“零下一度”等，现在都统一称为 Waterfront，即使没有再使用，也仍然保留注册商标。也就是说，这些为 Waterfront 工作过的商标，我全都保留下来，并持续延展商标权。

最近我很喜欢的一个名称是“Air Force I”，因为无法以“Air Force I”注册商标，我甚至还想到：“那就写‘One’好了。”直到员工告诉我：“那不是总统专机的名称吗?”我才知道。不过，这样不是更好吗?

此外，我非常喜爱日本画家速水御舟，用他的名字和我的名字结合而成的“御秀”，我也已经注册商标。虽然目前还完全没有具体的计划，但将来有一天，我想要制造出像他的杰作“焰舞”一般的伞，我很喜欢“焰舞”的那种红色。

最近，我统计了一下自己到底拥有几个注册商标，结果品牌名称和商标合计共有 66 件（截至 2014 年 2 月为止），连我自己都吓了一跳。没想到竟然已经这么多了，其中有些商标，我可能只是想留下一个记录，所以才去注册。

注册商标其实非常花钱，申请费用、注册费用，加上每十年一次的展延费用，再加上替我办这些手续的律师费，每个商标大概要花费 20 万日元。不过，我认为这是“注册梦想”的费用，因此不觉得贵。的确，有些商标在注册后并没有使用，即使如此，我仍希望有一天能让它们问世，注册商标或许就是我的梦想清单。

我端详着我的商标一览表，突然发现一个很有意思的名字，那就是“物超所值”，意思是“比售价还要有价值”。日本某个大型家具商的口号是“超出价格”，但“物超所值”似乎是更富含哲学的词语。

虽然这个点子也还没有具体化，但在我向中国的消费者介绍我的制伞理念时，我总是使用这个词语。因为 Waterfront 的想法、理念，正是“制造出比售价更有价值的雨伞”。

何谓“免折叠的折叠伞”？

我曾听说，汽车雨刷很难突破现有的形态。

汽车第一次装上雨刷的时候，当时的人们想必非常惊讶，但无论科技再怎么进步，想要抹去挡风玻璃的雨，据说现在汽车雨刷的形态应该是最完美的了。

雨伞也是一样，在折叠伞和自动开闭伞问世的时候，大家一定很惊讶。可是撑伞时的形态，却一直未曾改变。

因此，我总是思考着：“所谓的雨伞，真的只有这种形态吗？不能有其他样貌吗？”

在这种思维下，我曾经做过方形伞，只要改变伞骨形状，就能制成长方形、菱形，甚至不对称形状的伞，可是没有成功。

此外，我也曾想过不用手拿，像气球一样浮在空中的伞，也就是让气球充气，变成伞的形状，而没有骨架。

我的设想是：只要戴上经过设计的帽子，雨伞就会像气垫船一样飘浮在头上，跟着人移动。或许不是帽子，而是眼镜或耳环，什么都可以。让雨伞浮在上空的方式，也可参考飞机上使用的耳机。

现在可能比较少见，在我小的时候，为了避免蚊虫沾染餐桌上的菜肴，我们会在桌上放如蚊帐般的小型餐罩。餐罩和雨伞相反，撑开时必须将绳子往上拉，我也曾思考过，这种方式是否能应用在雨伞上，也就是研发出与以往不同，改从上方拉开的雨伞。

之后我发现，这个点子早就被注册为实用新型，但对方更反过来委托我，利用这个点子制造宠物专用的雨伞，我不由得感叹："原来真的有人也会想到这种点子。"

不过，这些雨伞都必须通过某种形式撑开、折叠。

无论什么样的折叠伞，最后都必须靠自己折叠，如果能发明一种不只能自动开闭，更能自动折叠的伞，不是很棒吗？

这就是我正在思考的"顶级的伞"。

思索该如何努力才能接近理想成果

我一想到"免折叠的折叠伞"这个点子，便立刻前往位于爱知县蒲郡市的一家形状记忆窗帘工厂（就是前述"零售之神"介绍给我的那家厂商）。

这家工厂做的是，让窗帘即使经过洗涤，褶线也不会消失的加工。我想知道，这样的技术是否能应用于伞面上。很久以前，我曾经利用形状记忆的布料制作过折叠伞，但没有对完成后的雨伞进行加工的经验。

然而，形状记忆的效果仍然有限，试做的结果虽然勉强能自动折叠，但我明白，这样的技术无法实现我心目中的“免折叠的折叠伞”。

油纸伞和洋伞不同，收合时，油纸伞伞骨会往外侧突出，因此伞面部分不需要折叠。但油纸伞已经是一种成熟的形态，并不是折叠伞，“免折叠的折叠伞”与油纸伞是两种不同的伞。

我所自豪的“One Touch Air Close”，是在撑开的状态下按下按钮，就能自动收回的折叠伞。虽然已经做到不只是伞布收合，连伞骨也会缩回，但即便如此，最后还是得亲手把伞卷好。

我想发明一种可以自动折叠、自动卷好，并自动收纳在盒子里的伞。各位不觉得，手上提着东西，只有单手可用的时候，这样的雨伞会很方便吗？

目前我所想到的是，让雨伞的伞布本身拥有这样的功能，既然形状记忆加工的效果不佳，那么，如果采用极小的微粒子，或许就能制成可以任意折叠的布，但该如何将微粒子与布料融合呢？

现在，我时刻都在思考这样的问题，只要能让我自己满意，应该就能实现，不过，目前我还不甚满意。

除了微粒子之外，我也会从功能面来思考。我的灵感来源是鱼，而最接近我想象中“免折叠的折叠伞”的模样，是犹如鱼鳍一般的构造。

鱼的背鳍和尾鳍，构造就像扇子，可以自动开闭。如果布料也能拥有那样的功能，或许就能自由地撑开、收合，但还必须设计让布料与伞骨同步动作的构造才行。

如果真有像鱼鳍一样的布料，那当然最好，但厂商并不会生产那种没有市场需求的布料，因此我必须从头开始自己设计、自己制作。目前，不织布（不经纺织过程，直接将纤维接合在一起的布）、日本传统和纸等，都是我列入考虑的材料之中，但现在尚未达到可以商品化的程度。

目前撑竿跳的世界纪录是由谢尔盖·布卡（Sergey Bubka）缔造的6.14米，“免折叠的折叠伞”的实现就像撑竿跳要跳过7米一样，是高难度的事情。

面对现实，我不分昼夜地思索着。不过，因为我不是被人强迫，而是自愿这么做，所以我一点都不觉得痛苦。每天想着微粒子、鱼鳍这些东西，着实让我获得无穷的乐趣。

一旦“免折叠的折叠伞”变成现实，人们一定会很高兴，并且变得幸福。最重要的是，假如可以一按就开、一按就恢复原状，那么对小孩或行动不便的人来说，一定很有用。

制造雨伞的过程，恰如棋手必须想到几十步、几百步之后的状况一样，即使清楚地知道“我一定能把对方的将军逼到没有退路”，但实际要达成目标，可能需要走几百步、几千步。下棋的时候，正是一边这么思考，一边移动棋子。

雨伞虽然与棋子不同，但我相信，一定有让伞不用折叠就收好的办法。想办法慢慢证明这件事，是很快乐的。

不是找方法来加以实现，而是想象完成时的模样，接着再彻底思考该如何接近目标。只要在头脑里完成，一切就很简单了。

“免折叠的折叠伞”虽然很难，但我的结论是“做得到”。我几乎可以确定自己做得到，因为一直以来，我都是这样逐一实现梦想。

将人类从雨伞中解放

2013 年，我们公司推出“One Touch Air Close”的长伞版“One Touch Air Close Long Plus One”。由于这款伞的零件比一般伞还多，我们开了几十个模具，重做了好几次。

我想出的宣传标语是“温柔开启、瞬间收合”。只要轻轻施力，就能打开，收合时也只需按下按钮，就会如电光石火般地收起。一般的自动开关伞大多很笨重，但这把伞因为在内部构造上花了非常多功夫，所以很轻巧。

瞬间打开、瞬间收合，而且又很轻，各位不觉得很棒吗？

我认为，能够自动收合的伞，未来一定会更普遍，对某些人来说，比起单击开启，单击收合会更方便。

“One Touch Air Close”从 2010 年开始贩卖，这款伞的内部构造很普遍，因此无法取得专利。

但在我之前，从没人制作过这种伞。单击就能开的伞

（自动伞）早在很久之前就诞生了，可是人们始终没发现，单击就收合的伞有多方便。

我每天面对雨伞，乐在思考这些小细节，我的终极目标是，把伞做的像钢笔一样小，不过这看来还有很长的路要走。

然而，当这个梦想成真，人们的生活就会截然不同。

就算突然下起雨，只需从口袋里拿出伞就好，这样一来，根本就不需要看天气预报了。

也就是一款只有钢笔般大小，又免折叠的折叠伞。到了那一天，人类便会从雨伞中解放。

将人类从雨伞中解放，这就是我梦想中的制伞目标。

第3章

创造全新的惊奇

对先人的智慧与技术表示敬意

在“超值500”完成之前，我有好长一段时间埋头于其中，看不见外面的世界。

当然，我还是过着正常的生活，只是一直没注意周遭的世界，一回神，才发现身边的人都开始玩起了手机。当我察觉这一点时，有种“真惊人”的感觉。虽然我不是浦岛太郎，但就像他一样，一回过神来，才惊觉这个世界已经变得不一样了。

现在我终于也买了手机，但我只用来发短信和打电话，我不会觉得不方便。而且直到现在，我还是每天都在想着雨伞，虽然一如往常地过生活，但其实并不太注意周遭的事情。

我从刚开始投入制伞业就这样了，展开雨伞事业后，为了制造出世人从未见过的东西，我一直努力不懈、专心致志地思考着。因此，只要我发现一个“好像行得通”的点子，无论是在哪里，我都会立刻飞奔而去。

秋田县有一家名为秋田木工的公司，那是全日本唯一的曲木家具专卖店。我想知道曲木能不能应用在雨伞的伞柄（握把），于是前往该公司，请他们让我参观弯曲木材的工作现场。我发现，曲木需要极高超的技术，而且成本也很高，于是我心想：“考虑成本，这应该没办法做。”

有种技术是专门用来弯曲单根木材的，这种技术可以弯曲长达两米的藤。

将弯曲的藤一端放进水里，并从另一端吹气，水中便会发出咕噜咕噜的声音。换句话说，藤在加工过程中既没有龟裂，也没有破损，只是中间成中空。

有一些木材非常坚硬，光靠加热无法使其弯曲，那么该怎么做才行呢？答案是用蒸的。将木材蒸一段时间，使木材变软后，再放进模具中，耐心地花时间将它慢慢弯曲，这么一来，便可用这些坚硬木材的曲木制作椅子。

除此之外，还有另一种技术，可以用于 Shu's Selection 的量产品上，就是利用高周波机器来弯曲。将好几片木板黏着而成的合板进行干燥后，再用高周波机器使其弯曲，接着纵向裁切，将尖角磨平，雨伞的伞柄就完成了。

竹制的伞柄也可以弯曲，但必须使用特殊方法，以加热过的砂来使其弯曲。把竹子放进加热过的砂中，置入模具中，再用人力加以弯曲。这是一种需要耐心的工作，因为必须慢慢地、一点一滴地弯曲，所以这种产品也无法量产。

以往雨伞使用的木制伞柄，因为制作时费时费工，价格便相对昂贵。高周波弯曲技术虽然并非自古就有，但也不算新，但多亏了这个技术，500 日元的 Shu's Selection 雨伞，也可使用木制伞柄。

制伞业的先驱，多年来投入了许多心力，现在的我们其实在享受先人留下的恩惠。

从500日元的雨伞到3000日元的雨伞

推出“超值500”时，我就打定主意，要让它的售价比当时的出租车起步价还便宜。

然而，现在东京的出租车起步价已超过700日元，与以往有点差距了，因此，我在思考，是否要制作这个价格的伞，也就是“超值700”。

“超值500”的折叠伞撑开时，主骨的长度为48厘米，但“超值700”则是50厘米。这么一来，撑开时的伞面直径就会大4厘米，再将伞柄（握把）做成彩色，另外，再改良一下原本有点难放进去的收纳盒。

为了符合700日元这个价格，我一点一点将雨伞升级，这是经过仔细思考过才制成的，因此应该可以称得上是理想形态。

事实上，我以前也曾贩卖过“超值300”，这是一款比“超值500”更精简的商品，但消费者其实不需要这么便宜的东西。

现在，反而有越来越多人表示："即使贵一点也没关系，我想要质量好的商品。"因此，我们公司也在考虑，是否要将价格的幅度拉大。

当然，"超值500"是Shu's Selection的原点，这个系列当然会继续做下去，而且会不断改良，不过，未来我也会更深入思考，该如何做出适合卖2000日元、3000日元的雨伞。

例如，具有遮阳或隔热效果的伞，现在百货公司要卖到七八千日元，我则想用1900日元左右的价格来出售。我想使用FRP（纤维增强复合塑料）等优质的复合材料来制作伞骨，尽量在可接受的范围内投注成本，把价格定为1900日元。

换句话说，我一直以来为了节省成本而没法实现的想法，未来会慢慢去做。

这种雨伞，单因加工成本，价格就会变高，可是，也没必要卖到7000或1万日元。只要由Shu's Selection来制造，即使是特价都要5000日元的伞，用1900日元的价格来出售。我的目标就是，看见顾客因此而开心。

有这样的想法之后，2013 年秋天，我们发行了略带高级感的新品牌 Shu's。

虽说高级，其实价格仍以 2000～3000 日元为主。Shu's Selection 用 500 日元就能做出这么好的雨伞，那么售价两三千日元的伞，到底会是什么模样呢？Shu's 未来将推出的是“只有 Shu's Selection 做得到的伞”。

前面曾提到的“Air Force I”，也是这个新品牌的商品，这是一款由 24 根伞骨构成的自动伞，利用 FRP 打造出轻巧的重量，伞布外侧施以纳米科技超防水加工，内侧则施以镀银加工，以增强隔热效果，价格为 2900 日元。

听见 Shu's Selection 的伞卖到 2900 日元，或许各位会觉得很贵，但只要知道这把伞藏着这么多技术和巧思，相信各位也会觉得便宜。

不只强调功能，我们在设计方面也有所坚持。在 Waterfront 品牌中人气极高的日式花纹，如今改善得更精练，另外，我们还会加入北欧等西洋风味的设计。

我们与专门制作贺卡相关商品的世界顶尖公司 Hallmark

合作，签订雨伞设计的许可协议。据说，该公司拥有的设计版型多达数百万种，我打算从中挑选出几款最棒的，作为 Shu’s 的雨伞样式。

质量更高、更精练的雨伞，就是 Shu’s。

公共建设与文化将两个品牌经营到极致

Shu’s 就像是手工仙贝，不，就像是手工制作的日式甜点“最中”，非常费时费工。我想塑造的感觉是“当天制作的分量卖完后就关店”“必须事先预约，而且要等上好几个月才买得到”。

我们不通过媒体宣传，只希望了解我们产品概念的消费者，能够爱惜我们的伞。我之所以创立这个新品牌，就是希望，抱着这种想法的支持者能越来越多。

“一方面重视功能，一方面以创新和古典为主题，呈现出现代的意象。”这就是 Shu’s 的品牌概念。这是我的员工要求我想出来的，因为他们说要放在官网上。各位不觉得这段话很不错吗？我设法在古典和新潮之间取得平衡，打造出最适合现代的雨伞。

在 Shu's 品牌中，使用日式花纹等和风图样的产品系列名称，则是以相同发音的“秀's”来标示。

“秀's”的品牌概念是：追求日本传统美的和风摩登世界，诉求工具与艺术的融合。”我想创造出散发日本文化风味的洋伞。

Waterfront 的价格为 500 ~ 1000 日元，因此可定位为一般人日常生活使用的雨伞，立志成为社会的“公共建设”。我认为，我们必须尽一份如自来水公司般的公共责任，Waterfront 的目标就像自来水公司一样，成为人们生活中不可或缺的存在。

另一方面，Shu's 则比较强调文化面与艺术面，纵使价格稍微高一些，也不是随处都买得到，但真正喜欢而“想要”的人，会想办法找到它，并且购买。

请各位期待 Shu's Selection 的崭新面貌。

让令人惊奇的技术成为理所当然

Shu's 的品牌商标是一位骑在马上、撑着伞的女性剪影，这个商标蕴藏两个故事。

一个是跟马有关的故事，也就是美国赛马史上被誉为最强的马匹“Secretariat”。

Secretariat 在 20 世纪 70 年代初期活跃于短距离竞赛中，是一匹“后来居上”型的赛马。时至今日，Secretariat 成绩最好的一场比赛，是 1973 年的贝蒙锦标赛（Belmont Stakes）。

在这场比赛中，Secretariat 从一开始就处于领先地位，当它抵达终点取得胜利时，领先第二名多达三十一个马身。它在这场比赛缔造的纪录，至今尚未被打破。

另一个故事则是与骑在马上的女性有关。

在古代的欧洲，女性一般都是以侧坐的方式骑马，但有一位非常喜爱骑马的女士，却穿着与男性一样的骑马服，以跨坐的方式来骑马。

就这样，她创造了一款崭新的服饰——女性裤装，她就是被赞誉为“改变世界”的女性——可可·香奈儿（Coco Chanel）。

无论是Secretariat或香奈儿，都颠覆了既有常识，做了“不可能的事”。身旁的人看见她们的行为，都不禁赞叹“好帅”！

上述的“帅气”与“不可能”，就是我想通过Shu’s实现的目标。因此，2014年4月，在自由之丘开幕的旗舰店，名称就是“Cool Magic Shu’s”。帅气又令人不可置信的伞，便是Shu’s。

我生平第一次吃到Yokumoku的饼干时，讶异得不得了，心想：“这世上怎么会有这么美味的东西！”当我第一次喝可口可乐的时候，我也不禁赞叹：“世界上竟然有这么好喝的饮料！”

不过，渐渐也就习惯了，一旦习惯，就不那么惊讶了。

雨伞也是一样，当功能好且又轻巧的“扁平口袋伞”只卖500日元成为常态时，便不再有人感到惊讶。

说不定未来出生的人们，一听到折叠伞，就会理所当然地认为，那本来就是扁平状的，相反的，他们可能会讶异："折叠伞以前是圆形的吗？收起来时那么重，又那么占空间吗？"

换句话说，如果只是要让大家吃惊，其实并不难，但那并不是我的目标。一开始让每个人都感到惊讶，之后渐渐普及，到了最后，大家便将它视为理所当然，这才是我想做的伞。

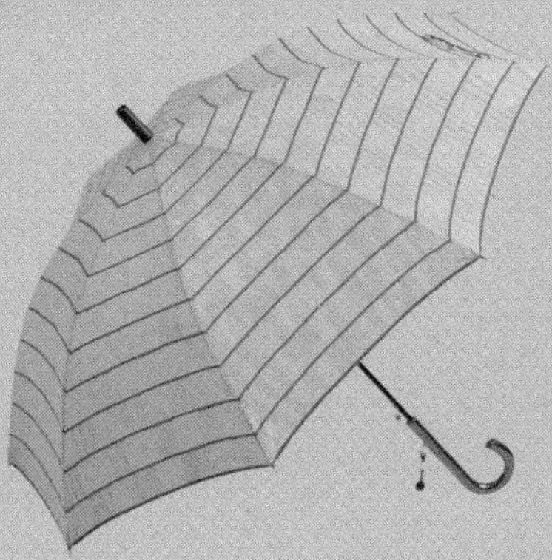

第四篇

一辈子只想着雨伞

第1章

为工作注入浪漫

一切的起源：一家东洋医学诊所

我最初在东京是经营一家东洋医学诊所，在这里，我利用指压和针灸等方式治疗病人。

我并不是为了开设诊所才来到东京，我从长崎的高中毕业之后，来到了东京，其实是为了学习我自幼就非常感兴趣的日本传统武术。

我在一间合气道的道场努力学习了约三年半，道场的老师非常了不起，我也被那位老师感动，坚持不懈地练习。当时，我全心全意埋头于武术，甚至每天高唱着村田英雄的《柔道一代》，还晋升到很高的段位。

我一边学习，一边思考未来的职业，虽然还不太明确，但那时的我有点想成为律师或会计师。因此，我开始为了上大学而存钱。

虽然偶尔会想起儿时记忆中的油纸伞制作的情景，但当时的我，压根儿没想到，有一天我会以制伞为业。

在我开始对自己的武术造诣感到满意之后，我遇见了针灸。

当时我在一本名为《朝日俱乐部》的杂志上，凑巧看见一张照片，显示一名外国人替病人针灸的模样。直到现在我都还记得，当时我莫名感动，心想："这好哲学喔！原来有这条路可以选呀！"这就是我选择这条路的契机。

"原来也有这种世界啊！"抱着这样的心情，我打算进入东洋医学的学校，然而一查之下才发现，这所学校的学费比一般大学更贵。于是我只好一边打工赚取学费，一边在这所专攻东洋医学的学校就读了三年。

这是一所三年制的学校，在当时，必须花两年时间取得按摩指压师执照，再用剩下的一年取得针灸执照，但我在两年内就已经取得资格，因此我的诊所很快就开业了。

我的诊所叫作“秀和苑——身体气疗法”。所谓的身体气疗法，就是将身心调和视为追求健康的第一步。

不知道为什么，我的诊所生意非常好，连我自己都不敢相信“竟然有这么多人想被治疗”。我的病人来自全国各地，有些住在外地的病人听到我的诊所的评价很好，还特地投宿在附近的旅馆，以方便前来看诊。

病人们将诊所挤得水泄不通，连一个月之后的诊疗都挂不到号，而我年纪轻轻，就一直被唤着“医师、医师”。

因为太忙，于是我开始思考，该如何缓解这种状况，最后我想到：“只要提高诊疗费，应该就不会有那么多人来了。”没想到，当我提高费用后，来看诊的病人竟然更多。这是距今四十多年前的事了，当时我把一人的诊疗费提高到 5000 日元，病人依然没有减少。

当时的看诊时间是早上十点至晚上十点，但没办法看完所有病人，因此我每天都提早开始，延后结束。

年轻时事业就上轨道而产生的迷惘

我不知道为什么诊所会如此受欢迎，但我知道，只要我用心治疗，大部分的病人都会痊愈。我一直这么相信，而事实也的确如此。我相信，应该是我用心的态度，而让诊所声名远播。

帮助他人是一件很有价值的事，也能让我们感到快乐。身为人类，最棒的奖励，就是为他人带来喜悦。

有一次，有个我熟识的医师把我叫进一位时日不多的重症病人的病房里。在我的治疗下，那位病人的身体感到舒服很多，并觉得很开心。

话说回来，如果问我："生意这么兴隆，你是不是很满意呢?"答案是否定的。当时的我，开始出现"我的人生就这么结束了吗……""我才二十多岁，一辈子都这样是好事吗?"这种年轻人特有的疑问。

我是在二十五岁之前开诊所，以年龄来说，接下来的人生还很长。有那么多病人对我心怀感激，但我却有种“这样下去真的好吗?”的想法，或许有点傲慢吧。

但是，就是因为事业顺利发展，我才感到自己有所不足。如果诊所经营不善，或许我就会付出更多心力，想办法解决也说不定。诊所生意兴隆出乎我的意料，所以，我开始对人生感到迷惘。

“这样下去真的好吗?”——现在回想起来，这真是个奢侈的烦恼。

疾病是人类健康状况产生异常的状态，就算痊愈了，也只是恢复原状罢了。治疗病人是对人有帮助的事，当然很好，但我开始强烈觉得：“我想做能留下某种有形物体的工作。”

我不知道，自己除了诊疗之外，还能做什么。但我隐约有种焦虑感，认为“要是一直做这份工作，虽然可以赚大钱，但就没法留下其他东西”。这或许是因为当时我还很年轻，所以想体验一下不同的世界。

《南无妙法莲华经》的“南无”是“皈依”的意思，而“妙法”则是指“精妙的教谕”——这些都是我在这个时期知道的。“莲华”指的是在泥沼中绽放的莲花，强调“正因为盛开在泥沼中，所以才有意义”。

当我反省自己时，我发现，自己并不懂得什么叫作“泥沼”。我认为，虽然年纪轻轻事业就上轨道，也绝不能就这样结束。现在回想起来，这可能是因为年轻、对自己太过自信，而产生近乎傲慢的想法。

当时我才二十七八岁，“干脆像重开机一样，重新来过吧！”在这样的想法之下，我决定关掉诊所。

在结束营业之前，我必须对病人负起责任，因此我不再接受新病人，同时等原本定期来看诊的病人痊愈，经过了半年之后才关掉诊所。

没有任何长处只能拼命去做

经营诊所让我了解了一件事：只要做正确的事，人们自然会聚集而来。把这个想法用在制造业，就是：只要做正确的事，制作优质的商品，顾客自然会聚集而来。

其实我的医术并非多精湛，之所以会有那么多病人选择我的诊所，应该是因为我很认真经营。

我相信，画家在作画时不会有“这幅画有明信片大小，所以可以卖这个价钱”之类的想法，照理说，他们不会考虑自己的画作是否能卖钱，只是热心地埋头作画。以结果来看，这样的画作才能获得较高的评价。

当然，世上有许多人，即使付出极大的努力，也没有成果，因此光是“拼命努力”，或许无法作为成功的理由。

即使如此，每当被人问起，我诊所生意兴隆的原因是什么，我也只能回答：“因为我付出的努力比别人多十倍。”经营诊所的时候，我也跟现在一样，全心全意想着怎么让病人痊愈，其余什么都没想过。

我一天能治疗的病人，最多也只有三十人左右，为了让每位病人都能尽量不再生病，我总是给予病人许多建议。

生病的人，原本身体是健康的，先不论受伤，疾病通常都不是突然发生的，正如我们不会一夕之间长蛀牙一样，疾病都是在我们不知不觉中慢慢累积，最后才以症状出现。

为什么会生病呢？当我们探究其源头时，有时可能就像探讨“人是从何而来？将前往何方?”这种问题一样，必须以宗教的角度来说明。

有人说，生病的原因来自于“心”，生病的人都是因为“心”不好，但我觉得不是如此。难道健康的人都很善良吗？事实上，也有许多坏人身体硬朗。有时候被大家视为“世上怎么会有这么坏的家伙”的人，一辈子身强体健；而真正心地善良的人，却饱受疾病之苦。

诊所就像是我和病人对话的空间，当时的我，一心一意想要帮助有困难的人。

“将120日元的饮料，在沙漠以80日元出售”这个想法，是因为我想要把水便宜地提供给真正需要水的人。

如果能够提供惊喜与快乐，而非乘人之危，这个世界一定会渐渐变好。

诊疗与制伞，虽然我做着两件截然不同的事情，但我的心态从经营诊所起，直到现在都没改变。

关闭诊所投身饮食和制鞋世界

结束诊所的经营之后，我想投入一个与医疗有天壤之别、我完全不熟悉的领域，因此我决定开设餐厅。当时我每天忙着看诊，根本没时间花钱，因此存了不少钱，足够当作我的开业资金。

首先，我在地点很好的商业区买了一块土地，盖了一栋建筑物，在那里经营串烧店和餐厅有七八年。然而到最后，我还是强烈地认为“制造业比较好”，所以就把店给卖掉了。

那是一个经济蓬勃发展的年代，土地不断增值，买了土地又卖掉，便可以赚很多钱，接着又可以继续买土地。只要用土地作为担保，银行也会提供巨额贷款。

除了餐饮店之外，我同时也开了鞋店。除了自己制作鞋子，我也从其他制造商进货来贩卖。

当时我制作的鞋子叫作“伸展鞋”，为了让护理师等长时间站立工作的人们，即使一整天穿着鞋子也不会累，我制作了这款具有伸缩性，能纵向和横向延展的鞋子。当时，著名的 Cabin 和三爱等店家都有进货。

除此之外，我还制作了以橡胶为鞋底、非常好走的“甜点靴”，以及适合搭配牛仔裤、满是补丁的“庞克鞋”等。从这个时期开始，我的产品名称就很直接，而且都大获好评。当时我并没有申请专利的意图，只是全心制作我想做的商品。

之所以会投身制鞋业，是因为我自己一直很难买到好穿的鞋子。直到现在也是一样，不管买了多少双，都找不到令我满意的鞋子。对于食物也是一样，所以我想，这也许就是我决定经营餐厅和鞋店的原因。

由于我也进了其他制造商的鞋子来贩卖，生意很不错，幸运的是，当时正好开始流行走路鞋（Walking Shoes），例如阿瑟士（Asics）的 Pedala 及 Wallage 等系列，许多大型品牌推出的走路鞋皆十分畅销，我的鞋店也扩增为两家。

即便如此，我的内心深处还是觉得哪里不满意，直到进入制伞的世界，我那“想要制作商品”“不可以让人生就这样结束”的心情，才获得了满足。

我不知道，假如当时我继续经营诊所，成为一名“大医师”，现在会变成怎样。

看见我接连转换跑道，很多人可能会以为我经历了失败，其实除了诊所之外，不论是餐厅或鞋店，我都经营得很顺利。基本上，这应该是因为我不是一个什么都会的人。

正因为我什么都不会，所以我只能站在顾客（病人）的立场，怀抱真心诚意去做。某次在接受杂志采访时，对方问我：“请问你成功的秘诀是什么?”我的答案是：“因为我永远保持努力不懈的心态。”说到我的事业为什么成功，除此之外，我想不到其他原因。

未来的日子只偏心雨伞

曾听人说，他自己会偏心。那个人不是我朋友，我不知道他是在什么状况下说这句话的，也不知道他指的是什么，但我听到了之后，却觉得这句话真不错。

以往我以为，“好”方案是什么都要接纳，但我在心里发誓，从今以后，我只对我喜欢的事、我喜欢的人偏心就好了。

从小，来自学校的教育都教导我们要“平等”，因此我一直以为，平等是最好的，但最近我开始思考“平等真的是最好的吗？”

例如有五个人在场，我明明觉得“这个人最好”，但是又担心“倘若只对这个人好，会对其他人过意不去”，所以对每个人都一样好，但这么做，结果真的是好的吗？

我不知道偏心的意义是什么，但我认为，自己解释得通就好了。

有位名叫清水正二郎的小说家，在作家直木三十五的坟墓旁盖了自己的坟墓。他以胡桃泽耕史为笔名，获得了直木赏。据说，他认为直木三十五才是跟他最谈得来的朋友，有时还会一边喝酒、一边与直木三十五的墓聊天。

听说胡桃泽耕史是个随心所欲的人，除了肉之外，什么都不吃。站在健康的角度，这么做实在不好，但他的一生就是只偏心自己喜欢的事物。

对我来说，我偏心的则是伞。我做过许多不同的工作，并努力做好每份工作，但是接下来的日子里，我要对雨伞偏心，心中只想着雨伞。

第 2 章

专注一处，一生努力

上了年纪才看见人生的微妙之处

“四十岁时看不见的东西，等到五十岁就看得见了。五十岁时看不见的东西，等到六十岁就看得见了。世上有些东西，一定要到六十岁才能看得清楚。”有位前辈曾经这么对我说，我想，有些事情真的要到某个年纪才能明白。年纪慢慢增长，其实就等于慢慢累积了许多经验，能看清的事物当然也会增加，我希望自己是在这样的状态下慢慢变老。

有些事情只有在年轻时才看得见，有些事情则是因为年轻所以看不见。在年纪逐渐增长后，回顾过去，相信每个人都有“当时要是这么做就好了”的想法。

我有一位非常亲近的女性前辈（姑且称她为A女士），她本来从事特种行业，她的情人则是日本一位著名的画家，据说那位画家已经有家室，说得难听一点，A女士就是画家的情妇。

听说那位画家晚年曾对A女士说：“要是我有个三长两短，你可要照顾我太太喔！”一般人听到这种话，反应可能会是：“要我照顾你的原配？开什么玩笑！”但A女士却只回答一句：“我知道了。”

在画家过世之后，他的妻子住进老人院，被嘱咐照顾她的A女士认为，如果只是寄钱过去，似乎太无情了，因此每个月都亲自送钱到老人院。据说那位原配也相当有智慧，每次都以“今天有钱进来”为由，与老人院的其他老人一起举办小小的宴会。

听见这个故事时，我才三十多岁，当时我对A女士的气度感到无比敬佩，同时深受感动，觉得这两位女性都非常不简单。不过到了现在，我却有了不同的感受。

那位画家在八十多岁过世，当时 A 女士是六十多岁。在世人的眼中，她们两人的关系是过世丈夫的原配与情妇，住进老人院的原配由情妇照顾。这层关系会随着年龄不同，而有不同的看法。

站在画家的立场，他很担心自己死后，年老妻子的未来不知该怎么办。如果可以，他当然想拜托自己最信赖的人，所以最后他拜托了最了解自己的 A 女士。

A 女士吞下一切，只说了一句“我知道了”，便接受嘱托。但她毕竟也是人，相信她心中一定也有许多复杂的情绪，比如“为什么我要照顾你的妻子”。即使愿意照顾，可能也会担心“他的妻子会不会讨厌身为情妇的我呢”。

我相信，画家的妻子应该也明白这一切，她不只明白亡夫的心意，更了解 A 女士的内心，所以才会在收到钱后，特地开心地举办宴会。

这样的行为，其实不是一般人能做到的。随着年龄增长，积累许多经验之后，她们才能达到这种人生境界。

单纯地想，两位女性就算互相仇视对方，也是理所当然，但她们既然爱上了同一个男人，或许两人之间也有某部分相通之处。据说那位原配将自己所有的服饰、装饰品都留给了A女士。

现在A女士也已经不在人世，我和她可说是至交，同时我也从她的人生经历中品尝到了人生的滋味。

不让人感觉到“贴心”才是真正的“贴心”

大家常说“某某人很贴心”，不过，最近我开始觉得，不让人感觉到“贴心”，或许才是真正的“贴心”。很明显表现出某些行为，让人觉得“好贴心”，并不是真正的贴心。

某次我突然有事，必须临时前往前述的A女士家拜访，于是我致电给她，表示：“我今晚会去府上拜访。”没想到，她竟然端出鸡汤来招待我，京都的鸡汤是必须花好几个小时熬煮的料理。

我明明是当天才临时致电表示我要拜访她，她却立刻准备了鸡汤。她的“魔法”让我至今仍觉得不可思议，这应该就是所谓的“贴心”吧。

另外，在我二十多岁时，曾受到某位大企业老板的诸多照顾。某次我受邀前往他家，喝茶的时候，我发现他家里的挂轴跟我上次来的时候不同，那些是北斋、雪舟等名画家的作品。

之后我每一次造访他家，都会发现他家里挂着不同的挂轴。我一问，他便告诉我有关“一期一会”的态度，让我深感佩服，也就是说，主人应抱着一生只有这么一次机会相聚的心情来招待客人。看起来好像没有特别用心，但实际上却非常用心。我虽然凑巧发现了，但即使没发现也没关系，这就是我的理想。

不过，这位老板之所以能做到这样，也是因为他的家境优越，家里有一间专门收藏美术品的仓库，还有管家打理的缘故。

话说回来，以雨伞来说，那种从表面看不出下了多少功夫的伞，或许才称得上是“贴心的伞”吧。这种态度就是：“无论他人是否察觉，若不做到这样，自己便无法接受。”

因此，大肆宣扬“我们改良了这里”的行为，也许不是一种贴心的行为。

日本画家速水御舟在四十岁时便英年早逝，他二十五岁的时候，在浅草被市营电车辗断了左脚。当他的脚被碾过时，他说了一句惊人的话：“我只是脚被辗过而已，请继续行驶电车，不要给大家造成麻烦。”

这可说是“贴心的极致表现”——我是这么认为。

想得到真正重要的东西就必须放下一些东西

常听人说：“想要得到些什么，就必须先舍弃些什么。”

当我们想要什么新的东西时，就必须放开自己现在执着的东西，否则便无法获得新的东西。不过，“执念”是一种很难抛弃的东西，许多人因此感到烦恼。

一旦我们认为现在手上的东西很重要，便难以舍弃它。但是，当真正重要、真正想要的东西出现时，倘若不放下手里的东西，就无法得到它，我们或许就不得不放下。

这不是刻意放下或留下，像我这种小人物，看到真正想要的东西时，若不放下手里原有的，就没办法得到新的。

假设你本来就有情人，却对另一名充满魅力的异性一见钟情。如果你非得跟那个人交往，那么依常理推断，你就必须先跟你原本的情人分手才行。有能力脚踏两只船，同时手腕高明的人，其实很稀少。

“虽然想要新的，可是又无法舍弃现在手上的重要东西”，像这样优柔寡断的人，其实比较多。但一个人只要器量够大，或许根本不用做出这样的选择。

为了制伞而放下一切

我在经营东洋医学诊所时，认为自己是全日本最棒的治疗师。也许当时的我不知天高地厚，所以才有这种想法，但那时真的有许多病人来求诊。

纵使如此，我还是认为：“这样下去不行，我应该还有别的事可以做。”于是我关闭了诊所。我的器量并没有大到足以一边经营诊所，同时展开新事业，因此我才舍弃一切，从头开始经营餐饮业。

我认为，器量大的人有两种：一种是像西乡隆盛那样，天生就是个大器量的人；另一种则是靠后天努力而器量慢慢变大的人。我是天生器量小的人，因此直到现在，我都还在努力学习该怎么让器量变大。

在明治时期到昭和时期间，有位推行国家主义的人，名叫头山满，据说他即使被蚊子咬，也不会打死它或赶走它，而是让蚊子吸饱血，停在一旁动也不动。谣传有位艺人看见他这样的行为，便爱上了他，他的器量真是大。

所谓的“器量”不单指“身为人的包容力”或“肚量”，而是包括了判断力、决断力及知识等综合的“身为人的能力”。因此，不是当上了老板，器量就会变大。

俗话说：“地位造就一个人。”某位在第二次世界大战后相当活跃的政治家曾说：“猴子就算从树上掉下来，也还是猴子；但政治家一旦落选，就成了一个普通人。”

但在世界上，这种“由地位造就的人”其实不多，真正拥有器量的大人物，时局或地位都与他无关。

我并没有宏大的器量，所以我无法一次拥有许多东西，我必须舍弃些什么，才能得到新的东西。在我经营餐饮业时，除了在东京有店铺外，在横滨等地也开了分店，但在我决定投身制伞业后，我就把这些店面全部卖掉——因为我的器量就只有这么大。

不是因为受了谁的命令，而是自己思考过后，才决定采取行动。只要一直保持这样的态度，不管时局或地位如何，都能日日有所成长。

自在生活，自由制伞

如前所述，我是个勤奋不懈的人。一般来说，勤奋不懈的人应该器量都不大吧。做人也许有很多事都不用太计较，但“勤奋不懈”是我的座右铭，所以我打算继续抱着这种态度生活。

在勤奋不懈的同时，我仍希望能无拘无束、自由自在地生活，因此我告诉自己，尽量不要太在意“自己拥有什么”，但还是很难做到。

不是“为了某种目的”而做，而是依照自己的自由意志，决定“非这么做不可”。

我喜欢雨伞，所以不断研发雨伞，这对我来说就是自由。万一有一天我觉得这件事不自由了，我就没有必要再继续做下去。制伞对我来说，是最自由、最舒服的事，所以我才能够坚持做下去。

我印象很深刻，在我二十多岁的时候，有个跟我年纪相仿的朋友曾说：“松尾芭蕉[①]是个快乐主义者。”在我的印象里，与其说他是快乐主义者，倒不如说他是个对自己非常严苛的禁欲主义者。不过，从另一个角度来看，也可以说，他做了自己真正想做的事，所以是个快乐主义者。

说不定在旁人眼中，我也是个“满脑子都是雨伞的禁欲主义者”。事实上，我只是因为喜欢雨伞、因为感到快乐，所以才制造雨伞。

---

① 松尾芭蕉：日本江户时期一位有名的俳谐诗人。俳句对格式的要求十分严格，而松尾芭蕉在俳句上的成就十分巨大。

真心诚意面对工作

我认为，人生在世，最重要的就是抱有一颗赤心（真心诚意）。

西乡隆盛曾介绍过原水户藩士藤田东湖的一段话："小人拥有才能和技艺，因此很有用，然而一旦让他担任官员等要职，这个国家必定会灭亡。"我也认为，即使没有才华，只要有赤心，也就是有诚意就够了。

但胜海舟对藤田东湖的评价则是："正因为他的地位举足轻重，假如他拥有一颗真正的赤心，他就不会聚集书生四处作乱，而是想办法撼动上层。所以那个人并没有赤心。"既然拥有知人之明的胜海舟都这么说了，也就表示，即使是藤田东湖这样的豪杰，也很难做到言行一致。

无论什么事，都要以赤心来面对。透过雨伞，我与零售店的经营者或消费者接触时，都会提醒自己，要怀抱着真心诚意。

这种事本来就应该藏在心里，而不该说出来，更不该拿来当作卖点，因为真心本来就该是这样。

我并非刻意大张旗鼓，但也没什么好隐瞒的，所以每当被问道："你在面对工作、面对客户时，都抱着什么样的心情接触他们呢?"我总是回答："我会抱着真心诚意面对他们。"

虽然我还有很多地方需要学习，但我绝不会做出让"雨伞之神"伤心，也就是让消费者伤心的事。

专注一处，一生努力，不做不喜欢的事

不论是开诊所、开餐厅或制伞，只要脚踏实地、认真做好眼前的工作，就是所谓的真心。

然而，每件事都抱着真心，认真去做，就一定会成功吗？其实也不一定。世上应该没有人会希望自己失败，但是成功与否，其实也只是结果罢了。

所有事情的最后结果，都跟"成功与否""顺利与否"

无关，而是由“就是必须这么做”“不这么做不行”“没办法停止不做”等心态所决定。

如我在本书一开头所说的，我经营餐饮业时，曾经开过一家蛋糕店，这家店卖的 Sand - Cake 大受好评，店里总是大排长龙，但当时的我，其实只是抱着“我想做出美味的东西”的心情去做。

“我要做出比原本更美味的东西”——我只是拼命去做，脑中只有这个想法，这么做的结果就是，产品畅销到顾客愿意排队购买。

除了“一生努力”之外，还有一种说法是“专注一处”。把所有一切投注在一件事情上，专注于一处努力，这样的生活虽然辛苦，但以结果来说，其实就等同于赌上性命，一生努力。

在制伞事业中的“专注一处”，指的就是，抱着真心诚意面对雨伞的每个零件。我相信，使用雨伞的顾客，一定也能感受到这份心意。

自己不喜欢的事情，不可能抱着真心诚意，也不可能拼命去做。我认为，自己不喜欢的事，就不要去做，因为面对自己讨厌的事，既无法付出真心，更无法专注一处，一生努力。

当我遇到自己做不来的事情时，我都会去拜托专家。比起我从现在开始学习，请专家来做，会更有效率，而且做得更好。

孔子曰："七十而从心所欲，不逾矩。"我对这句话的理解是："只要做自己喜欢的事，就不会偏离正道。"我想一辈子做自己喜欢的事，因此我打算一直制伞，直到生命的尽头。

人会死，但雨伞会留下一辈子不消失的热情

这是发生在前阵子的事，某日白天，我走在新桥，忽然发现一件事：每个经过的人都比我年轻。这时我才察觉，原来跟我同年代的人都已经退休。

但是我打算一辈子制伞，永远都不退休。

听说有一位制作京都西阵织的山口伊太郎先生，花了

三十七年的时间制作出《源氏物语画轴》的西阵织。据说，他认为《源氏物语画轴》是值得流传后世的作品，但是用纸张保存，会有损毁之虞，所以才想将它做成纺织品。

他聘请专业师傅，三十七年不间断地支付薪水，请纺织师傅完成它。但这幅以西阵织编织而成的《源氏物语锦织画轴》是非卖品，因此无法为他带来收入，即使如此，为了传承日本文化，他仍坚持了将近四十年的岁月。各位不觉得很了不起吗？这就是所谓的浪漫，这就是所谓的工作。

现代商业行为的主流，是将刚做好的东西立刻卖出，换取金钱，但我认为，做生意也有其浪漫之处。我所追寻的浪漫当然是，目前尚未完成的“免折叠的折叠伞”。

顺带一提，山口伊太郎先生有个弟弟，叫作安次郎先生，他们二人围炉小酌时的对话非常有意思。弟弟对哥哥说：“哎呀，哥哥你说的没错。一超过九十五岁，还真的会累，我开始觉得自己老了。”于是哥哥说：“我说的没错吧？过了九十五岁，就会觉得岁月不饶人，对吧？”

换句话说，他们两人在九十五岁之前，从来不觉得自已老。我自己至今也没有感觉过“累”，所以，我想我应该可以跟他们一样长寿吧。此外，我把“在九十五岁之前，绝对不能觉得自己是老人”这句话深深刻画在心里。

当我在公司的晨间会报上说：“我才六十六岁，正踏上人生的折返点……”结果员工哄堂大笑。不过，据说只要有万全的环境，人类活到一百二十五岁也不是不可能。

前几天，我在赤坂一家天妇罗店用餐时，老板告诉我：“麻油对身体很好。”老板表示，他的曾祖父活到105岁，祖父则活到103岁，他接着说：“家父因为身体羸弱，九十八岁就过世了。”当时我感到无比佩服，这位老板对年纪的感觉真棒（顺带一提，制作西阵织的山口伊太郎先生、安次郎先生，都在一百零五岁时永眠）。

即使我死去了，好雨伞还是会留下。没用的东西会逐渐被淘汰，而好的雨伞相信永远都会有人使用。

因此，站在经营者的立场或许会被骂，但我真的没有特别去思考公司的未来，只是努力在当下制造出好东西。我想持续不断制作一款比一款更好的伞，直到我120岁。

结　　语

将自由之丘变成“雨伞之城”

2014 年春天，位于东京目黑区的自由之丘，有一家雨伞展示中心兼零售店全新落成，这是建筑家中谷俊治先生的呕心沥血之作，在我眼里也是一个“贴心”的建筑。

在我心里，这里俨然是“自由之丘的新景点”，而自由之丘又是 Shu’s Selection 创立的地方。因此，我希望这个地区能够成为“雨伞之城”，并因此而闻名，我也正在思考适合的吉祥物。

从某种角度来看，自由之丘这个地方已经算是一种品牌了，既然 Shu’s Selection 就在自由之丘，因此我想将此地打造成一座雨伞之城。

就像丰田市是因为丰田汽车在那里，才成为今天的丰田市；或是想要听长辈的故事，就去巢鸭；一想到上班族，就想到新桥一样。我想经营一家众所周知且人见人爱的公司，让大家自然而然地认为“自由之丘因为有 Shu's Selection，所以是雨伞之城”“一想到雨伞，就想到自由之丘”。

未来我也将以此为据点，继续制作让顾客感动的雨伞，以及让顾客更惊讶的雨伞。敬请期待！

Shu's Selection 株式会社社长　林秀信

2014 年春天